TGCh CA3

Technoleg Gwybodaeth a Chyfathrebu

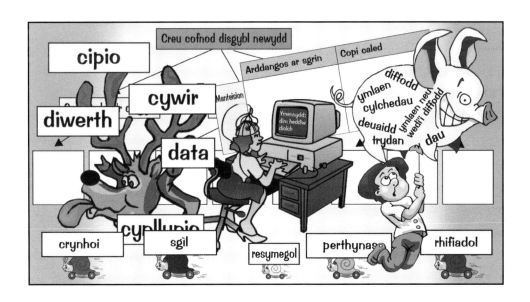

Y Llyfr Gwaith

Cynnwys

Adran 1 – Rhannau System Gyfrifiadurol

Data *1*
Systemau Cyfrifiadurol *2*
Cymharu Systemau Cyfrifiadurol a Systemau Cofnodi â Llaw *3*
Diogelu'r Cyfrifiadur *4*
Dyfeisiau Mewnbynnu *5*

Adran 2 – Defnyddio System Gyfrifiadurol

Cipio Data *7*
Cipio Data - Cynllunio Ffurflenni *8*
Manteision ac Anfanteision Casglu Data *9*
Storio a Phrosesu Data *10*
Cyflwyno Data *11*

Adran 3 – Dadansoddi Systemau

Cam Un – Adnabod y Broblem *12*
Dadansoddi – Astudiaeth Dichonoldeb *13*
Dylunio – Mewnbwn, Proses, Allbwn *14*
Diagramau llif *15*
Ysgrifennu Gweithdrefnau *16*

Adran 4 – Meddalwedd Prosesu Testun a Delweddau

Hanfodion Prosesu Geiriau *17*
Prosesu Geiriau – Nodweddion Uwch *19*
Creu Delweddau *21*
Graffeg – Newid Delweddau *22*
Golygu Delweddau Digidol *23*
Bwrddgyhoeddi– Hanfodion *24*
Gweithio gyda Fframiau *25*
Cynhyrchu Papur Newydd *26*
Meddalwedd Cyflwyno *27*

Adran 5 – Taenlenni a Chronfeydd Data

Taenlenni – Hanfodion 29
Taenlenni – Fformiwlâu Syml 30
Taenlenni – Graffiau a Siartiau 31
Modelau ac Efelychiadau Taenlen 32
Cronfeydd Data 33

Adran 6 – Y Rhyngrwyd

Hanfodion y Rhyngrwyd 37
Ymchwilio i Bwnc 38
Chwilio am Wybodaeth 39
Ffeithiau a Barn 41
Cynllunio Tudalen We 42
Creu Tudalen We 43
Creu Tudalen We – y Darnau Mwy Anodd 44
Cynllunio Gwefan 45
E-bost 46
Llyfrau Cyfeiriadau 47

Adran 7 – Cyfrifiaduron yn y Byd Go Iawn

Cyfrifiaduron mewn Siopau 48
Mwy o Gymwysiadau Cyfrifiaduron 49
Mwy Fyth o Gymwysiadau Cyfrifiaduron 50
Mesur – Logio Data 51
Cyfnod Logio a Chyfwng Logio 52
Mesur Data Ffisegol 53
Cyfrifiaduron a'r Gyfraith 54
Cyfrifiaduron yn y Gweithle 55
Defnyddio Cyfrifiaduron – Materion Iechyd a Diogelwch 56

Y fersiwn Saesneg gwreiddiol:
KS3 ICT Information Communication Technology: The Workbook
Cyhoeddwyd gan Coordination Group Publications Ltd.

Cyfranwyr: Mike Davis, Colin Harber Stuart, Chrissy Williams, Simon Little,
Victoria Brereton, Alice Shepperson, Dominic Hall, James Paul Wallis
Argraffwyd gan: Elanders Hindson, Newcastle upon Tyne
Clipluniau: CorelDRAW

Testun, dyluniad a darluniau gwreiddiol © Coordination Group Publications Ltd

Y fersiwn Cymraeg hwn:
© CAA (Y Ganolfan Astudiaethau Addysg), 2006
Noddwyd gan Lywodraeth Cynulliad Cymru

Cyhoeddwyd gan y Ganolfan Astudiaethau Addysg (CAA), Prifysgol Cymru
Aberystwyth, Yr Hen Goleg, Aberystwyth, SY23 2AX
(http://www.caa.aber.ac.uk), gyda chymorth ariannol ACCAC.

Mae hawlfraint ar y deunyddiau hyn ac ni ellir eu hatgynhyrchu na'u cyhoeddi
heb ganiatâd perchennog yr hawlfraint.

Cyfieithydd: Howard Mitchell
Golygydd: Lynwen Rees Jones
Dylunydd: Andrew Gaunt
Argraffwyr: Argraffwyr Cambria

Diolch i Dylan Minnice ac Alun Thomas am eu cymorth wrth brawfddarllen.

ISBN: 1 84521 092 1

Adran 1 - Rhannau System Gyfrifiadurol

Data

C1 Copïwch a chwblhewch y brawddegau canlynol gan ddefnyddio'r geiriau ar y mochyn:

a) Mae cyfrifiaduron yn rhedeg ar ....

b) Mae cyfrifiaduron yn cynnwys nifer o .... trydan.

c) Gall pob cylched mewn cyfrifiadur fod naill ai ....

ch) Mae cyfrifiaduron yn defnyddio cod .... sy'n cynnwys dim ond .... ddigid.

d) Mae cylched sydd .... yn cynrychioli'r digid 1, ac mae cylched sydd wedi'i .... yn cynrychioli digid 0.

C2 a) Copïwch a chwblhewch yr hafaliad geiriau canlynol.

Gwybodaeth = ... + Ystyr

b) Copïwch y tabl ar y dde a dangoswch pa osodiadau sy'n ddata a pha rai sy'n wybodaeth trwy roi 'X' yn y golofn briodol.

Gosodiad	Gwybodaeth	Data
11071988 yw fy mhen-blwydd		
01539 77 88 99		
CR 15 07 132		
Mae Miss Jones yn 35		
Eich balans yw £672		

C3 Darllenwch y brawddegau isod a phenderfynwch pa rai sy'n gywir a pha rai sy'n anghywir. Copïwch y gosodiadau sy'n gywir.

a) Mae cyfrifiaduron yn beiriannau sy'n prosesu data.

b) Mae cyfrifiaduron yn glyfar; maen nhw'n deall y wybodaeth maen nhw'n ei phrosesu.

c) Os bydd eich cyfrifiadur yn prosesu data sy'n anghywir, bydd y canlyniadau'n ddiwerth.

d) Gwybodaeth sy'n ddiystyr heb gyd-destun yw data.

C4 Mae Aled eisiau gwneud copi wrth gefn o ddata pwysig.
Mae ei gyfrifiadur yn copïo ffeiliau ar gyflymder o 1 miliwn beit yr eiliad.

Faint o amser (mewn eiliadau) y bydd yn cymryd i gopïo pob un o'r canlynol:
(Mae'r gwartheg yn cynnig help i chi.)

a) Un llythyr (20Kb)

b) Cant o ganeuon (cyfanswm o 5Gb)

c) Tri deg llun digidol (cyfanswm o 1Mb)

Systemau Cyfrifiadurol

C1 Mae gan system gyfrifiadurol dair rhan syml – mewnbwn, proses ac allbwn. I ba ran mae'r canlynol yn perthyn:

- a) Canlyniadau allbrintio.
- b) Dilysu data.
- c) Troi data mewnbwn yn rhywbeth arall.
- ch) Dangos canlyniadau ar y sgrin.
- d) Troi gwybodaeth yn ddata.
- dd) Gwireddu data.

C2 Mae'r diagram isod yn gynrychioliad syml o lif data mewn system gyfrifiadurol.

a) Copïwch y diagram isod a chwblhewch y labeli gan ddefnyddio'r geiriau ar y dde.

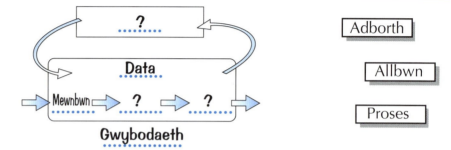

b) Pa un o'r canlynol yw enw cywir y rhan o'r cyfrifiadur sy'n gwneud y gwaith prosesu?

- i) Cyfrifiannell
- ii) Uned Brosesu Ganolog (UBG)
- iii) Abacws

C3 Mae Elen yn helpu ei hathro TGCh i gynllunio cofrestr gyfrifiadurol. Ei gwaith yw sicrhau bod y data sy'n cael ei fewnbynnu yn cael ei ddilysu gan y system.

Cysylltwch bob darn o ddata â'r gwiriad dilysu cywir.

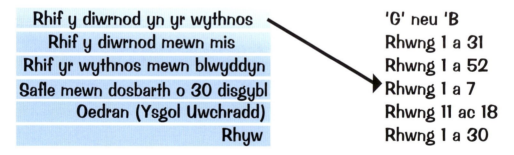

C4 Mae Gwenan yn defnyddio cyfrifiadur ei thad i gofnodi a phrosesu canlyniadau ei thîm hoci.

Copïwch y brawddegau canlynol, ac yna nodwch a yw'r gweithgaredd yn perthyn i ran Mewnbynnu, Prosesu Data neu Allbynnu y system gyfrifiadurol.

- a) Caiff y timau eu rhestru yn ôl sgor eu pwyntiau.
- b) Mae Gwenan yn gwirio ei bod wedi mewnbynnu'r sgoriau'n gywir.
- c) Gellir gweld y safleoedd terfynol ar y sgrin.
- ch) Caiff y rownd olaf o ganlyniadau eu teipio i'r cyfrifiadur.
- d) Mae Gwenan yn anfon copi printiedig o dabl y cynghrair i bob aelod o'i thîm.
- dd) Caiff timau 3 phwynt am ennill gêm, 1 pwynt am gêm gyfartal a 0 pwynt am golli gêm.

Cymharu Systemau Cyfrifiadurol a Systemau Cofnodi â Llaw

C1 Pa fath o feddalwedd byddai'r llywodraeth yn ei ddefnyddio i storio gwybodaeth am yr holl geir sydd wedi eu cofrestru yn y DU?

    A   Prosesydd geiriau

    B   Cronfa ddata

    C   Meddalwedd gwrthfirysau

C2 NID yw un o'r tri gosodiad canlynol yn fantais defnyddio system gyfrifiadurol. Pa un?

    a)   Mae chwilio am gofnodion yn gyflym iawn

    b)   Gall mwy nag un person gyrchu'r data

    c)   Mae angen mwy o bobl i weithredu system gyfrifiadurol na system bapur

C3 Copïwch a chwblhewch y brawddegau canlynol gan ddefnyddio'r geiriau ar y fwyell:

hacwyr   cyfrinachol   heb awdurdod   ffeiliau   diogel

Gall copïo .... ac felly tynnu gwybodaeth .... o systemau cyfrifiadurol fod yn hawdd. Rhaid cadw systemau'n .... rhag defnyddwyr .... a ....

C4 *Mae'r athrawon yn Ysgol Gyfun Cwm Sgwt yn ysgrifennu pob adroddiad diwedd blwyddyn â llaw.*

Nodwch ddwy anfantais ysgrifennu adroddiadau â llaw yn hytrach na defnyddio system gyfrifiadurol.

C5 *Mae Sali Jones yn rhedeg meddygfa. Mae'n ystyried cyflwyno system gyfrifiadurol a fydd yn disodli'r system bapur bresennol. Caiff y system ei defnyddio gan bawb sy'n gweithio yn y feddygfa.*

Nodwch dair problem a allai godi wrth gyflwyno system gyfrifiadurol.

C6 *Mae Mr Jenkins yn adeiladwr prysur sy'n rheoli clwb pêl-droed lleol sydd â 100 o aelodau.*

Nodwch dri rheswm pam y dylai gadw ei gofnodion ar gyfrifiadur.

Adran 1 - Rhannau System Gyfrifiadurol

Diogelwch Cyfrifiaduron

C1 Mae tri math o ddiogelwch cyfrifiaduron.
Rhowch y geiriau isod yn y drefn gywir fel eu bod yn ffurfio brawddegau.

- **A** ffisegol Mae y caledwedd. diogelwch yn gwarchod
- **B** y rhwydwaith. diogelwch Mae yn cyfyngu ar mynediad ddefnydd
- **C** Mae data data. colli yn arbed diogelu

C2 Copïwch a chwblhewch y frawddeg isod trwy ddefnyddio'r geiriau yn y blwch.

| defnyddiwr | rhwydwaith | cyfrineiriau | enw | rheoli |

Mae modd .... 'r mynediad i .... trwy roi .... defnyddiwr i bob .... awdurdodedig, a gofyn iddynt ddefnyddio'u .... eu hunain.

C3 Mae Mr Williams wedi rhestru pob un o'i ddisgyblion TGCh yn ddefnyddwyr awdurdodedig ac wedi rhoi enw defnyddiwr iddyn nhw. Mae pob un wedi dewis cyfrinair.

Beth fydd e'n eu cynghori i wneud yn aml gyda'u cyfrineiriau?

C4 Cafodd cyfrifiadur tad Carol ei ddifrodi mewn tân yn ei ffatri. Er iddo orfod prynu cyfrifiadur newydd, roedd e'n dal i fedru cyrchu ei holl ddata.

Pa ddau beth roedd yn rhaid iddo eu gwneud er mwyn i hyn fod yn bosibl?

C5 Rydych chi newydd gael eich apwyntio'n Rheolwr TGCh yn eich ysgol leol.

a) Nodwch dri pheth y byddech yn eu gwneud er mwyn diogelu eich caledwedd yn ddigonol rhag lladrad.

b) Esboniwch ddau beth y gallech eu gwneud er mwyn lleihau difrod mewn tân.

C6 Mae Ann Ffodus wedi prynu cyfrifiadur newydd. Mae Ann yn poeni y gallai'r cyfrifiadur gael ei ddwyn, ac mae hi am wneud rhywbeth i sicrhau y bydd modd i bawb wybod mai ei chyfrifiadur hi ydyw.

Nodwch ddau beth y dylai Ann ysgrifennu ar y cyfrifiadur er mwyn helpu'r heddlu i adnabod y cyfrifiadur.

Byddwch yn ddiogel...

Er mwyn iddo fod o unrhyw werth rhaid defnyddio diogelwch yn gywir. Mae cyfrinair ond o werth os yw'n gyfrinachol. Peidiwch â'i ddatgelu i neb, hyd yn oed eich ffrind pennaf.

Dyfeisiau Mewnbynnu

C1 Copïwch a chwblhewch y frawddeg ganlynol, gan ddefnyddio dau air:

.... yw unrhyw galedwedd a ddefnyddir i fewnbynnu data i gyfrifiadur.

C2 Copïwch y rhestr isod a nodwch p'un ai ydynt yn perthyn i fysellfwrdd QWERTY neu GYFFYRDDELL.

Bysellau alffaniwmerig
Bysellau lluniau
Y ddyfais fewnbynnu fwyaf cyffredin
Fe'i defnyddir mewn bwytai bwyd parod
Defnydd cyfyngedig
Yn gyflym iawn i'w defnyddio
Amlddefnydd
Mewnbynnu'r un wybodaeth dro ar ôl tro
Fe'i defnyddir gyda chyfrifiaduron mewn swyddfeydd ac mewn cartrefi

Mae hyn yn fy ngyrru'n wallgo...

C3 Pa rai o'r gosodiadau canlynol sy'n gywir, a pha rai sy'n anghywir?
- a) Mae gan lygoden cyfrifiadur ddannedd mwy na llygoden go iawn.
- b) Mae modd rhoi gorchymyn i gyfrifiadur trwy glicio neu ddwbl-glicio botymau'r llygoden.
- c) Mae drych o dan y llygoden.
- ch) Cadwgan yw enw pob llygoden cyfrifiadur.
- d) Mae pêl ar waelod y llygoden sy'n cylchdroi pan gaiff y llygoden ei symud dros arwyneb gwastad.
- dd) Defnyddir llygoden i symud y cyrchwr ar y sgrin.

C4 Enwch ddwy ddyfais y gellir eu defnyddio yn lle llygoden, e.e. gyda gliniadur.

C5 Pa ddyfais fewnbynnu sy'n eich galluogi i dynnu lluniau'n uniongyrchol i gyfrifiadur, yn union fel pe baech chi'n defnyddio pin a phapur?

Cadwgan, y llygoden o'r Lleuad...

Llygoden fach lwyd yn chwilio am gaws ac yn symud y cyrchwr ar draws... Pwy ddywedodd nad oedd modd cyfuno barddoniaeth a TGCh?

Dyfeisiau Mewnbynnu

C1 Dewiswch eiriau o'r rhestri isod er mwyn ysgrifennu 6 brawddeg sy'n dilyn y patrwm hwn: 'Defnyddir * **DYFAIS FEWNBYNNU*** i fewnbynnu ***MATH O DDATA*** i'r cyfrifiadur'.

DYFAIS FEWNBYNNU
Sganiwr, Bysellfwrdd, Camera Digidol, Sganiwr Laser, Microffon, Synhwyrydd.

MATH O DDATA
Delweddau Ffotograffig, Delweddau Printiedig, Codau bar, Testun, Sain, Data amgylcheddol.

C2 Enwch bob un o'r dyfeisiau mewnbynnu yn y diagram ar y dde (anwybyddwch y llygoden).

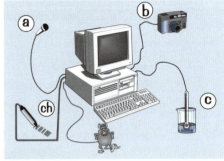

C3 Mae Hefin yn cynrychioli cwmni Systemau Cipio Data LASCAN.
Mae'n ceisio gwerthu system sganio â laser i berchennog archfarchnad fach. Ar hyn o bryd, mae'r archfarchnad yn rhoi labeli pris ar bob eitem, a chaiff pris pob eitem ei deipio i'r til.

a) Esboniwch, yn eich geiriau eich hun, bwrpas sganwyr laser.

b) Nodwch ddwy fantais y dylai Hefin grybwyll wrth y rheolwr.

c) Nodwch ddwy broblem y gallai'r rheolwr eu crybwyll i wrthbrofi honiadau Hefin.

C4 Defnyddiwch y geiriau yng ngheg Deio i gwblhau'r brawddegau hyn am gamerâu digidol.

a) Mae camerâu digidol yn storio delwedd fel cyfres o ddotiau sy'n dwyn yr enw ....

b) Gellir .... delwedd o gamera digidol i gyfrifiadur, a'i golygu gan ddefnyddio meddalwedd .... – ....

c) Nid oes angen .... ffotograffig, ac mae'r .... ar gael i'w defnyddio ar unwaith.

ch) Mae modd anfon delwedd ddigidol fel atodiad .... i unrhyw fan yn y byd.

d) Mae delweddau cydraniad uchel yn defnyddio llawer o .... a llawer o bŵer.

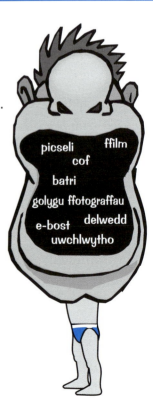

picseli, ffilm, cof, batri, golygu ffotograffau, e-bost, delwedd, uwchlwytho

C5 Mae gan gardiau credyd stribed byr o dâp magnetig ar y cefn. Enwch dri math o wybodaeth a gedwir arno.

Adran 2 - Defnyddio System Gyfrifiadurol

Cipio Data

C1 Esboniwch sut y gallai cwmni nwy ddefnyddio system dogfennau nôl a blaen lled-awtomatig i gofnodi darlleniadau mesuryddion eu cwsmeriaid heb orfod mynd i'w cartrefi.

C2 Copïwch a chwblhewch bob un o'r brawddegau canlynol gan ddefnyddio'r geiriau yn y blwch.

dwy ran	synwyryddion	data
teipio	llaw	sganwyr	cipio

a) Cipio .... yw casglu gwybodaeth i'w rhoi ar gyfrifiadur.

b) Mae casglu data'n broses ag iddi ....

c) Fel arfer, mae'n ofynnol i rywun .... canlyniadau holiaduron â ....

ch) Mae .... data yn golygu casglu gwybodaeth o .... a ....

C3
a) Esboniwch y gwahaniaeth rhwng cipio data â llaw a chipio data'n awtomatig.

b) Copïwch y tabl canlynol, a'i ddefnyddio i esbonio manteision ac anfanteision y gwahanol fathau o gipio data y sonnir amdanynt.

Enghraifft	Manteision	Anfanteision
Holiadur		
Synhwyrydd tymheredd		
Darllenydd cod bar		
Taflen arholiad amlddewis (lle mae peiriant yn darllen yr atebion)		

C4 Mae Siôn a Siân yn treulio eu gwyliau haf yn gweithio i'r cyngor lleol. Mae system draffig newydd wedi'i sefydlu, ac mae'r cyngor yn awyddus i wybod pa mor effeithiol yw hi.

a) Gofynnwyd i Siân ddarganfod barn y cyhoedd.

Esboniwch sut y byddai'n mynd ati. Pa ddull o gipio data y byddai'n ei ddefnyddio, a sut byddai'r data'n cael ei drosglwyddo i'r cyfrifiadur?

b) Mae Siôn, ar y llaw arall, i fod i ddefnyddio offer a ddarperir gan y cyngor i fonitro llif y traffig.

Nodwch **ddau** reswm pam mae'n rhaid cipïo'r data hyn yn awtomatig.

C5 Gofynnodd pennaeth adran John iddo gael ymateb nifer o deuluoedd i sioe tân gwyllt a gynhaliwyd yn ddiweddar. Mae wedi ysgrifennu holiadur ond, gan fod dros 200 o bobl wedi mynychu'r sioe, hoffai John ddefnyddio system gyfrifiadurol a sganiwr ei bennaeth er mwyn cyflymu'r broses.

Newidiwch holiadur John yn ffurflen cipio data y bydd modd i sganiwr ei darllen.

Holiadur:
Pa fath o dân gwyllt oeddech chi'n ei hoffi fwyaf?
Oedd y goelcerth yn ddigon poeth?
Oedd y diddanwyr yn ddigon doniol?

Cipio Data – Cynllunio Ffurflenni

C1 Copïwch a chwblhewch y brawddegau canlynol gan ddefnyddio'r geiriau ar y carw.

a) Rhaid i ffurflenni .... data gael eu .... 'n dda.

b) Oni chaiff y ffurflen ei chwblhau'n .... bydd y .... yn ....

C2 Mae Julia yn rhedeg ysgol farchogaeth yn Nyffryn Tanat. Mae'n creu cronfa ddata o wybodaeth am ei disgyblion. Nid yw ei ffurflen wedi'i chynllunio'n dda. Dyma hi.

> Ysgol Farchogaeth Dyffryn Tanat
> Llenwch y ffurflen a'i hanfon nôl ataf fi.
> Manylion personol.
> Pryd y byddwch chi'n marchogaeth?
> Pa geffylau?

Newidiwch y ffurflen fel y bydd modd iddi gael y wybodaeth sydd ei hangen arni.

C3 Mae Mair yn gyfrifol am gasgliad llyfrgell yr ysgol o gerddoriaeth sydd wedi'i recordio. Yn aml, mae'n rhaid i'r disgyblion drefnu ymlaen llaw i gadw'r CD neu'r tâp maen nhw ei eisiau gan mai un copi yn unig o bob un sydd ar gael.

Cynlluniwch a thynnwch lun ffurflen a fydd yn galluogi Mair i fewnbynnu'r data canlynol i gyfrifiadur y llyfrgell.

a) Teitl yr albwm.

b) Artist.

c) Dyddiad y bydd ei angen.

ch) Cyfrwng – CD, tâp, mini-ddisg.

d) Manylion y person sydd am gadw'r albwm, yn cynnwys rhif cyswllt.

C4 Mae Frank wedi cynllunio'r ffurflen ar y dde i'w helpu i gynllunio'i gyrsiau yn y ganolfan hamdden. Hoffai wybod pa weithgareddau mae'r rhai sy'n defnyddio'r ganolfan yn eu mwynhau fwyaf. Mae'n bwriadu gadael y ffurflenni wrth y Dderbynfa. Mae'n dangos y ffurflen i Carol, ei reolwraig.

> Beth fyddwch yn ei wneud yn y Ganolfan Hamdden?
> Am ba hyd y byddwch yn aros?
> Pa mor aml byddwch chi'n dod i'r ganolfan?
> Pryd byddwch chi'n dod fel arfer?
> Beth hoffech ei wneud?
> Manylion personol:
> Gadewch eich ffurflen wrth y ddesg cyn i chi adael.

a) Nodwch bump o welliannau y gallai Carol eu hawgrymu.

b) Ail-luniwch y ffurflen yn unol ag awgrymiadau Carol.

Manteision ac Anfanteision Casglu Data

C1 Pa dri o'r canlynol fydd yn achosi i chi golli data sydd wedi'i storio ar gyfrifiadur?

- Hacwyr
- Ffeiliau wedi'u llygru
- PC yn isel ei ysbryd ar ôl i liniadur gymryd ei le
- Gwleidyddion wedi'u llygru
- Heclwyr
- Difrod i galedwedd

C2 Esboniwch, yn eich geiriau eich hunan:

a) beth yw firws cyfrifiadurol, a beth mae'n ei wneud.

b) sut gall diffyg ar y caledwedd arwain at golli data.

c) beth gall haciwr ei wneud i system gyfrifiadurol.

C3 Dylai'r tabl isod ddangos manteision ac anfanteision storio data ar gyfrifiadur. Ond mae'n gwbl ddi-drefn.

Newidiwch y tabl fel bo pob pwynt o dan y pennawd cywir.

Manteision.	Anfanteision
Chwilio am gofnodion yn hawdd ac yn hwylus.	Mae'n cymryd llai o le na chwpwrdd ffeilio.
Darllen a chopïo ffeiliau cyfrinachol yn haws.	Nid yw data yn gwbl ddiogel.
	Mae'n ddrud i'w sefydlu.
Rhaid hyfforddi staff i ddefnyddio'r system.	Cynhyrchu adroddiadau a dadansoddi data'n haws.
	Gall sawl person edrych ar y data ar yr un pryd.
Angen llai o staff.	

C4 Mae 'Murmur y Mynydd' yn westy bach ym mhellafion Eryri. Nid yw'r prif gyflenwad dŵr na thrydan yn ei gyrraedd. Mae'n cadw dros 100 o wahanol fathau o gwrw a gwirodydd. Mae'r perchennog yn cadw cofnod o bob cynnyrch ar gerdyn stoc yn ei swyddfa. Mae angen i'w wraig, staff y gwesty a rheolwr y seler ddarllen y wybodaeth hon.

a) Awgrymwch **bedair** mantais i'r gwesty o storio'r wybodaeth hon ar system gyfrifiadurol.

b) O gofio lleoliad y gwesty, disgrifiwch ddwy ffordd bosib y gellid colli'r data hwn.

Mae gen i gur pen...

Mae rhai cwestiynau yn haws nag y maen nhw'n ymddangos. Os yw C3 yn achosi problemau i chi, edrychwch ar y gwahanol ddarnau fesul un. Does ond angen i chi benderfynu ai peth drwg neu beth da yw pob un ohonynt.

Storio a Phrosesu Data

C1 Trefnir ffeil ddata yn gofnodion ac yn feysydd. Ar gyfer pob un o'r canlynol, dywedwch a yw'n ffeil ddata, yn gofnod neu'n faes::

   a)   Llyfr Cyfeiriadau.
   b)   Manylion personol unigolyn.
   c)   Cyfeiriad.
   ch) Rhif ffôn.

C2 A yw'r brawddegau canlynol yn gywir neu'n anghywir?
   a)   Mae gan feysydd hyd sefydlog le i nifer sefydlog o nodau.
   b)   Mae prosesu meysydd hyd newidiol yn gyflymach.
   c)   Mae meysydd hyd sefydlog yn defnyddio llai o gof.
   ch) Mae maes hyd newidiol ond mor hir ag sydd angen iddo fod.

C3 a) Gall cyfrifiaduron brosesu data mewn dwy brif ffordd. Dewiswch nhw o'r geiriau isod.

   Amser real   Amser bwyd   Swp   Yn sionc   Gwyliwch yr ochr dywyll   Bryn Terfel

   b) Mae archebu tocyn sinema, a chyfrif cyflog rhywun, yn enghreifftiau o'r mathau gwahanol hyn o brosesu. Pa un yw p'un? Esboniwch sut y cânt eu prosesu'n wahanol.

C4 Mae Losin Lysh Cyf. yn cadw data am eu staff ar gyfrifiadur sy'n cael ei ddefnyddio i gyfrifo eu cyflogau.

   a) Esboniwch sut y gallai data personèl gael ei rannu'n gofnodion ac yn feysydd.

   b) Copïwch y mathau o ddata isod, a nodwch a ydynt yn feysydd hyd sefydlog neu'n feysydd hyd newidiol:

      Enw'r gweithiwr   Dyddiad Geni   Cyfeiriad   Cod Post.

C5 Mae 'Carlo' yn gi defaid Cymreig, a chedwir ei fanylion ar gyfrifiadur Cymdeithas y Cŵn Defaid. Unwaith y mis bydd ei berchnogion yn derbyn cylchlythyr yn eu hysbysu am dreialon cŵn defaid a digwyddiadau eraill.

   a) Pa fath o brosesu bydd y Gymdeithas yn ei ddefnyddio i ddosbarthu'r cylchlythyr?

   b) Pa fath o brosesu byddan nhw'n ei ddefnyddio i ychwanegu ci newydd i'r system?

Ffeithiau i godi'ch calon...
Mae'r holl wybodaeth hon am brosesu yn ailadroddus iawn. Ond unwaith y byddwch wedi ei ddysgu bydd pethau'n llawer cliriach i chi.

Cyflwyno Data

C1 Dyma chwe dull o gyflwyno gwybodaeth. Mae'r rhestr wedi'i llygru, ac mae rhai o'r llythrennau wedi newid yn luniau o Twm Bach. Ysgrifennwch bob gair yn gywir.

T☻☻☻UN   S☻☻N   LL☻☻☻AU   ☻☻AFFI☻☻ A SI☻☻☻IAU AM☻☻☻☻RWNG

C2 Copïwch a chwblhewch y tabl gan ddefnyddio'r rhestr o bwyntiau cadarnhaol yn y blwch.

	Arddangos ar sgrin	Copi caled
Manteision		

- Mae modd golygu gwybodaeth ar unwaith.
- Mae cyflwyniadau amlgyfrwng yn bosib.
- Cofnod parhaol.
- Gellir edrych arno heb gyfrifiadur.
- Sain a delweddau symudol.

C3 Nodwch anfanteision defnyddio'r dulliau canlynol o gyflwyno gwybodaeth.

a) Sain   b) Testun   c) Lluniau

C4 Copïwch a chwblhewch y gosodiadau canlynol gan ddefnyddio geiriau o gefnau'r malwod:

a) Mae graffiau'n dangos y .... rhwng un neu ragor o setiau o rifau.

b) Gall graffiau .... gwybodaeth gymhleth yn gywir.

c) Mae siartiau yn unrhyw fath o ddelwedd sy'n cyfleu gwybodaeth .... neu ....

ch) Gallai fod angen rhywfaint o .... mathemategol i ddeall siart neu graff.

 crynhoi   sgil   resymegol   perthynas   rhifiadol

C5 Roedd Manuel yn gyfrifol am drefnu trip cyfnewid ag ysgol yn Barcelona. Tra'u bod yno, tynnodd y disgyblion lawer o luniau digidol. Hefyd, gwnaethant recordio'r bobl leol yn siarad ac yn chwarae cerddoriaeth draddodiadol. Mae Manuel yn paratoi cyflwyniad i rieni'r disgyblion.

a) Awgrymwch **bedwar** gwahanol gyfrwng y gallai eu defnyddio i gyflwyno ei wybodaeth.

b) Awgrymwch **ddau** ddull allbynnu y gallai eu defnyddio i wella ei gyflwyniad.

C6 Mae Siobhan yn ddrymiwr i fand lleol. Mae ganddi lawer o wybodaeth am ei band ar gyfrifiadur, gan gynnwys lluniau, manylion am wobrau a enillwyd, cynnydd yn nifer yr aelodau, clipiau sain a thoriadau o bapurau newydd. Mae hi wedi gofyn i gwmni lleol am nawdd, ac mae'n rhaid iddi wneud cyflwyniad i reolwyr y cwmni.

a) Esboniwch y manteision iddi o ddefnyddio'r dulliau cyflwyno canlynol:

i) Testun   ii) Graffiau   iii) Sain   iv) Lluniau

b) Beth ddylai hi ei wneud rhag ofn na fydd gan y cwmni gyfrifiadur yn ystafell y rheolwyr?

Adran 2 - Defnyddio System Gyfrifiadurol

Adran 3 - Dadansoddi Systemau

Cam Un – Adnabod y Broblem

C1 A yw'r gosodiadau canlynol yn gywir neu'n anghywir?

a) Mae dadansoddi systemau yn ddull o droi hen systemau gwybodaeth yn systemau gwybodaeth newydd.

b) Fel arfer, mae dadansoddi systemau yn golygu gwaredu â chyfrifiaduron drud a gosod system ratach, a reolir â llaw, yn eu lle.

c) Dadansoddi systemau yw'r hyn y bydd cyfrifiadur yn ei wneud pan fydd yn penderfynu sut i weithredu gorchymyn.

C2 Copïwch a chwblhewch y diagram canlynol o gylchred bywyd system, gan ddefnyddio'r geiriau yn y blwch.

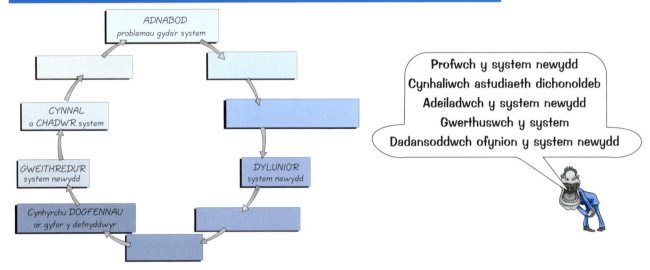

C3 Copïwch a chwblhewch y frawddeg ganlynol, gan ddefnyddio eich geiriau eich hun.

Gelwir cylchred bywyd systemau yn gylchred oherwydd…

C4 Yn eich profiad chi, a yw dadansoddwr systemau fel arfer:

a) yn annwyl, yn flewog ac yn cael ei alw'n Pero?

b) yn ceisio deall y system bresennol a'i phroblemau?

c) yn hollol wallgof, ac yn meddwl ei fod yn golomen?

C5 Mae Hala Mistry yn ddadansoddwr systemau. Gofynnwyd iddi adnabod y problemau a achosir gan y system gyfrifiadurol bresennol mewn canolfan feddygol.

Ysgrifennwch baragraff sy'n disgrifio'r gwahanol ddulliau y gallai Hala eu defnyddio i ganfod y problemau.

Dadansoddi – Astudiaeth Dichonoldeb

C1 Pa un o'r brawddegau canlynol sy'n cynnig diffiniad cywir o astudiaeth dichonoldeb?

    a) Astudiaeth dichonoldeb yw penderfynu a ddylid defnyddio dadansoddwr systemau ai peidio.

    b) Astudiaeth dichonoldeb yw dadansoddi gofynion y system newydd er mwyn helpu dod i benderfyniad ynglŷn â gwerth creu system newydd.

    c) Astudiaeth dichonoldeb yw penderfynu a ddylid cadw mathau penodol o fwyd yn y rhewgell neu yn yr oergell.

Mae hyn yn Ffêri Nyff...

C2 Copïwch a chwblhewch y frawddeg ganlynol, gan ddefnyddio eich geiriau eich hun.

    Mae gosod nodau ar gyfer y system newydd yn syniad da oherwydd...

C3 A yw'r brawddegau canlynol am reolau a chyfyngiadau system gyfrifiadurol yn gywir neu'n anghywir?

    a) Rheolau'r system yw sut y gall gwahanol ffactorau neu gyfyngiadau effeithio ar sut mae'r system yn gweithredu.

    b) Nid yw arian yn cyfyngu ar faint y system gyfrifiadurol.

    c) Bydd rhaid i'r system gyfrifiadurol weithredu yn unol â rheolau iechyd a diogelwch.

C4 Copïwch a chwblhewch y brawddegau canlynol gan ddefnyddio'r geiriau o'r blwch isod.

> dichonoldeb   caledwedd   gwerthuso   cyfrifiadurol
> dyfeisgarwch   dylunio   newid   gwrthdroi
> adeiladu   malurio   penderfyniadau

Fel rhan o'r astudiaeth ...., mae angen i'r dadansoddwr systemau wneud penderfyniadau ynghylch y mathau o .... a meddalwedd a ddefnyddir yn y system newydd. Gallai'r dewisiadau hyn gael eu .... yn nes ymlaen, pan fydd yn symud i gyfnod .... cylchred bywyd y system.

C5 *Mae John yn gweithio i gwmni sy'n gwerthu offer pysgota trwy'r post. Mae ganddo system gyfrifiadurol sy'n cymryd pump awr i gynhyrchu rhestr o'r holl archebion a anfonwyd i gwsmeriaid yn ystod y mis blaenorol. Byddai John yn hoffi cyflwyno system newydd sy'n cymryd ond tair awr i gynhyrchu'r wybodaeth.*

    Nodwch un amcan ar gyfer y system newydd.

Aros yn effro – dyna'r broblem...

Gallai'r wybodaeth hon ddiflasu tarw Henffordd. Ac mae'n cymryd tipyn i ddiflasu'r rheiny.

Dylunio – Mewnbwn, Proses, Allbwn

C1 Pa un o'r canlynol sy'n fantais o ddefnyddio'r cod 'G' am lwytho'r wybodaeth 'Gwrywaidd' i gyfrifiadur?

    a) Mae'n haws i ddefnyddiwr ddeall ystyr 'G'.

    b) Mae angen llai o gof ar y cyfrifiadur i storio 'G' nag sydd ei angen i storio 'Gwrywaidd'.

    c) Ni fydd y cyfrifiadur yn awtogywiro 'Gwrywaidd' yn 'Gwrywedd'.

    ch) Ni fydd y cyfrifiadur yn mynd yn amddiffynnol.

C2 Copïwch a chwblhewch y brawddegau canlynol, gan ddefnyddio'r geiriau yn y blwch.

Dylai'r tasgau y bydd angen i'r .... eu cyflawni fod yn seiliedig ar y problemau a'r .... gwreiddiol. Bydd angen ysgrifennu'r cod a'r gorchmynion ar gyfer pob tasg – gallai'r rhain gynnwys .... taenlen, ... cronfeydd ddata a gweithdrefnau .... gyda rhaglenni prosesu geiriau. Gallai rhai gorchmynion alw am .... data rhwng gwahanol gymwysiadau

| postgyfuno | system | fformiwlâu | cyfnewid | amcanion | chwilio |

C3 Mae Brychan Hirgoes yn cynllunio taenlen a fydd yn trosi canlyniadau prawf yn ganrannau. 60 yw uchafswm marciau'r prawf.

Nodwch enghraifft o bob un o'r mathau canlynol o ddata prawf:

    a) Data nodweddiadol   b) Data eithafol   c) Data annilys

C4 Mae Gareth yn cynllunio cronfa ddata ar gyfer cystadleuaeth 'Pêl-droed Dychmygol'. Un eitem o ddata fydd safle chwaraewr yn ei dîm.

Bydd y data yn un o'r canlynol:

gôl-geidwad, amddiffynnwr ochr chwith, amddiffynnwr ochr dde, amddiffynnwr canol cae; canol cae ochr chwith, canol cae ochr dde, canol cae, blaenwr

Awgrymwch god addas y gallai Gareth ei ddefnyddio ar gyfer pob eitem o ddata.

C5 Copïwch a chwblhewch y brawddegau canlynol, gan ddefnyddio geiriau yn y blwch.

Mae'n bwysig bod allbwn system yn .... Dylai defnyddwyr weld y .... sydd ei hangen arnynt yn unig. Dylid ei gosod mewn fformat y gallant ei .... Dylai cynllun y .... a'r allbrintiau gael eu .... yn gyntaf. Wedyn, dylid dangos y brasluniau i'r .... er mwyn gwirio eu bod yn iawn.

| deall | mewn cod | defnyddwyr | modelu | rhifo | hawdd ei drin | sgriniau allbwn | sgriniau prosesu | gorchmynion | braslunio | gwybodaeth |

Diagramau Llif

C1 Cysylltwch y naill neu'r llall o'r enwau sydd ym meddwl yr hwyaden â'r disgrifiad cywir:

a) mae'n edrych ar y system gyfan trwy rannu'r prif dasgau yn dasgau llai

b) mae'n disgrifio'r drefn y bydd tasgau'r system yn ei dilyn

C2 A yw'r brawddegau canlynol yn gywir neu'n anghywir?

a) Mae diagramau o'r brig i lawr yn dangos beth sy'n rhaid digwydd, nid sut y bydd yn digwydd.

b) Caiff diagramau o'r brig i lawr eu darllen o'r dde i'r chwith.

C3 Copïwch y symbolau siart llif canlynol a nodwch ystyr pob un.

a)    b) 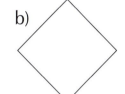   c)

C4 Mae meddygfa yn storio gwybodaeth am ei chleifion ar gronfa ddata cyfrifiadurol. Mae'r feddygfa am ychwanegu claf newydd at y gronfa ddata, ac yna argraffu copi o fanylion y claf.

Lluniwch siart llif system i ddangos sut bydd y cyfrifiadur yn gwneud hyn.

C5 Mae Dewi Puw yn ddadansoddwr systemau diog iawn. Mae'n cynllunio system ar gyfer ysgol. Bydd yr ysgol yn casglu gwybodaeth am bob disgybl newydd trwy ofyn i rieni lenwi ffurflen. Caiff data o'r ffurflen ei fewnbynnu i gyfrifiadur yr ysgol â llaw. Wedyn, caiff copi o'r wybodaeth ei argraffu a'i roi i'r riant i'w wirio. Mae Dewi wedi gorffen hanner uchaf y diagram o'r brig i lawr. Gan ei fod yn ddiog, mae am i chi gwblhau yr hanner gwaelod.

Copïwch a gorffennwch y diagram gan ddefnyddio'r geiriau ar y dde.

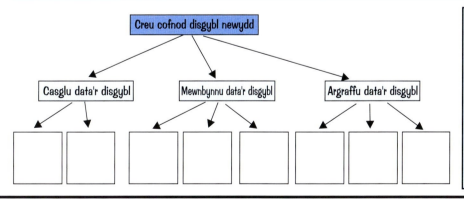

Rhiant yn llenwi ffurflen cipio data
Argraffu cofnod
Mewnbynnu data'r disgybl newydd
Llwytho cronfa ddata disgyblion
Creu cofnod disgybl newydd
Gwirio'r rhagolwg argraffu
Gwirio'r argraffydd am bapur
Rhoi ffurflen cipio data i'r rhiant

Ewch gyda'r llif...

...ond gofalwch nad oes rhaeadr o'ch blaen! Mae siartiau llif a diagramau o'r brig i lawr yn ddulliau defnyddiol o weld gwahanol rannau systemau cymhleth. Gwnewch yn siŵr eich bod yn gwybod y gwahaniaeth rhyngddynt.

Adran 3 - Dadansoddi Systemau

Ysgrifennu Gweithdrefnau

C1 Esboniwch, mewn brawddeg, ystyr 'gweithdrefn'.

C2 Dewiswch y gair cywir o bob pâr isod i ddisgrifio system docynnau maes parcio awtomatig.

a) Pan fyddwch yn cymryd tocyn, bydd y rhwystr wrth fynedfa'r maes parcio yn (**codi** / **gostwng**).

b) Pan fydd car yn mynd dros synhwyrydd (**gwasgedd** / **tymheredd**), anfonir neges i'r rhwystr wrth yr allanfa i godi.

c) Pan godir y rhwystr wrth y fynedfa, bydd y cyfanswm ar rifydd y cyfrifiadur yn (**cynyddu** / **lleihau**) 1. Pan godir y rhwystr wrth yr allanfa, bydd y cyfanswm ar y rhifydd yn (**cynyddu** / **lleihau**) 1.

ch) Pan fydd y cyfanswm ar y rhifydd yn dangos uchafswm nifer y lleoedd yn y maes parcio, caiff y rhwystr wrth y (**fynedfa** / **allanfa**) ei chloi.

C3 Copïwch y siart llif wag ganlynol, gan lenwi'r blychau i ddangos gweithdrefn ar gyfer rhwystr wrth fynedfa maes parcio.

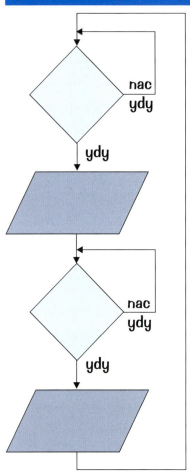

C4 Esboniwch pam mae'n bwysig defnyddio gweithdrefnau bach, syml i adeiladu rhaglenni mawr.

C5 *Mae Ifan Bifan yn gyfrifol am system gyfrifiadurol cwmni archebu caws gafr trwy'r post. Mae Ifan wedi gosod yr amcanion canlynol ar gyfer ei system gyfrifiadurol newydd:*

> "Rhaid iddi fedru storio cofnodion 50,000 o gwsmeriaid.
>
> Rhaid iddi gymryd llai na 30 eiliad i lwytho cofnodion cwsmer newydd."

Mae Ifan wedi gwerthuso ei system newydd, ac mae wedi cynhyrchu'r wybodaeth ganlynol:

> "Ar hyn o bryd, mae gennym 48,000 o gwsmeriaid. Rydym yn ychwanegu 200 cwsmer newydd bob wythnos.
>
> Ar hyn o bryd, mae'n cymryd 40 eiliad i fewnbynnu cofnodion cwsmer newydd."

a) Pa mor dda mae'r system yn bodloni ei hamcanion?

b) Esboniwch beth ddylai Ifan ei wneud?

Adran 4 - Meddalwedd Prosesu Testun a Delweddau

Hanfodion Prosesu Geiriau

C1 Pa un o'r canlynol sydd DDIM yn ffordd gywir o amlygu testun?

   a) Dwbl-glicio ar y gair

   b) Dal yr allwedd SHIFT i lawr tra'n symud y cyrchwr testun, gan ddefnyddio'r allwedd cyrchwr

   c) Dewis GOLYGU ac AMLYGU GAIR

C2 Copïwch a chwblhewch y brawddegau canlynol, gan ddefnyddio'ch geiriau eich hun:

   a) Y ffordd gyflymaf o amlygu paragraff o destun yw…

   b) Bydd dal yr allwedd CTRL a'r allwedd SHIFT i lawr, tra'n symud y cyrchwr testun gyda'r allweddi cyrchwr chwith neu dde, yn…

C3 Esboniwch sut y gellir defnyddio'r ôl-fysell i ddileu gair.

C4 Esboniwch beth mae'r llwybrau byr bysellfwrdd canlynol yn ei wneud.

   a) CTRL X
   b) CTRL C
   c) CTRL V
   ch) CTRL Z

C5 Mae pennaeth Marged Jones wedi gofyn iddi olygu llythyr a gynhyrchwyd ar ei phrosesydd geiriau wythnos diwethaf. Mae ei phennaeth am iddi ddileu'r frawddeg 'Diolch am eich archeb ddiweddar', a rhoi 'Mae'n ddrwg gennym glywed eich bod wedi canslo'ch archeb' yn ei lle.

Disgrifiwch ddwy wahanol ffordd y gallai Marged wneud hyn.

C6 Mae Marco Blanc yn gogydd enwog. Mae'n defnyddio prosesydd geiriau i fewnbynnu a storio ei ryseitiau. Mae e am aildrefnu rhai cyfarwyddiadau yn un o'i ryseitiau.

Esboniwch sut y gallai Marco ddefnyddio'r prosesydd geiriau i aildrefnu cyfarwyddiadau'r rysáit.

Allwedd ctrl, allwedd shift… dwi'n teimlo'n gysglyd…

…ond, cyn mynd i gysgu, rhaid cofio bod defnyddio'r rhain yn hwyluso pethau. Os am fywyd haws, dysgwch nhw i gyd.

Hanfodion Prosesu Geiriau

C1 Copïwch a chwblhewch y frawddeg ganlynol gan ddefnyddio gair o'r rhestr isod.

Yr enw ffansi am steil llythrennau mewn dogfen yw…

| Ffawt | Ffont | Ffelt |

C2 Pa un o'r meintiau ffont canlynol fyddai'n addas ar gyfer y prif destun mewn dogfen arferol a gynhyrchir ar brosesydd geiriau e.e. llythyr?

a) Maint 6
b) Maint 12
c) Maint 18

Ych a fi! Mae'r ffont yn rhy fach…

C3 *Edrychwch ar y bedair enghraifft yn y testun isod.*
Maen nhw i gyd yn defnyddio math gwahanol o alinio testun.

Copïwch a chwblhewch y tabl drwy ysgrifennu'r llythyren gywir gyferbyn â phob un.

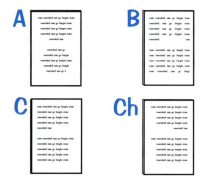

Aliniad	Enghraifft
Aliniad i'r chwith	
Aliniad i'r dde	
Canoli	
Unioni	

C4 Copïwch a chwblhewch y brawddegau canlynol gan ddefnyddio'ch geiriau eich hun.

a) Mantais defnyddio bwlch dwbl rhwng llinellau yw…
b) Anfantais defnyddio bwlch dwbl rhwng llinellau yw…

C5 *Mae Ian Williams am ysgrifennu llythyr i'w hoff gantores bop. Mae Ian am roi ei gyfeiriad ar ben y llythyr, ar yr ochr dde.*

Pa fath o fewnoli ddylai Ian ei ddefnyddio i alinio ei gyfeiriad?

C6 *Mae John Jones yn athro TGCh mewn ysgol fawr. Mae John am gynhyrchu poster i ddangos rheolau defnyddio cyfrifiaduron yr ysgol. Mae e am sicrhau bod y teitl 'Rheolau Defnyddio Cyfrifiaduron yr Ysgol' yn sefyll allan yn glir o weddill y testun.*

Disgrifiwch DAIR ffordd y gallai John newid golwg ei destun er mwyn amlygu'r darn hwn.

Prosesu Geiriau – Nodweddion Uwch

C1 Copïwch a chwblhewch y brawddegau canlynol. Defnyddiwch y geiriau yn y llun.

Mae tablau yn ffordd dda o gyflwyno .... o wybodaeth ar ffurf .... e.e. rhestri o enwau a chyfeiriadau. Mae modd gosod .... o gwmpas tablau, lluniau neu flociau o destun. Mae hyn yn fodd i .... 'r wybodaeth ar y dudalen. Mae modd llunio .... fel bod y testun yn llifo lawr y dudalen ac yn .... i'r golofn nesaf. Mae hyn yn dda ar gyfer ....

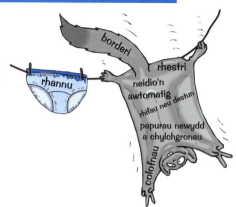

C2 Dewiswch y gair cywir er mwyn cwblhau'r brawddegau hyn.

a) Yr enw ar y wybodaeth sydd i'w gweld ar ben tudalen yw (**cur pen** / **pennawd**).

b) Yr enw ar y wybodaeth sydd i'w gweld ar waelod tudalen yw (**troedyn** / **poen troed**).

C3 A yw'r brawddegau canlynol, sy'n sôn am wiriwr sillafu, yn gywir neu'n anghywir?

a) Mae gwiriwr sillafu yn mynd trwy'ch dogfen ac yn nodi'r geiriau sydd ddim yn ei eiriadur.

b) Gall gwiriwr sillafu ddod o hyd i dri math o wall: geiriau sydd wedi'u camsillafu; gwallau teipio; geiriau coll.

c) Pan fydd y gwiriwr sillafu yn nodi problem gyda gair bydd yn rhoi rhestr o eiriau eraill i chi.

ch) Rhaid i chi ddewis un o'r geiriau eraill a awgrymir gan y gwiriwr sillafu.

d) Os defnyddiwch wiriwr sillafu, fydd byth angen i chi brawfddarllen eich gwaith.

C4 *Mae Bili Brwdfrydig wedi cynhyrchu project ysgol, ugain tudalen o hyd, ar ei brosesydd geiriau. Mae athro Bili am iddo roi rhif, dyddiad argraffu a'i enw ar bob tudalen.*

Esboniwch sut y gallai Bili ddefnyddio'i brosesydd geiriau i roi'r holl wybodaeth hon ar bob tudalen.

C5 Copïwch y paragraff canlynol. Cywirwch y geiriau y byddai cywirydd sillafu yn eu nodi fel rhai a gamsillafwyd. Tanlinellwch y geiriau a gamsillafwyd na fyddai cywirydd sillafu yn eu nodi

> Yn 1997 dau ffyn o Llanddewi Brevi oedd y bobl gyntaf i lanio ar y baned Mawrth. Fe flastiodd Wil Cae Uchaf a Sianco Fronfelen i'r gofid yn eu poced cartref ar daith daer wythnos i'r blaned goch. 'Allwn i ddim credi eu bod wedi cyrraedd yno o gwbl,' meddai cymydog. 'Y tro diweddaf iddyn nhw geisio mind i'r gofid, aethon nhw mor bwll â Thregaron.' 'Cofiwch, does neb yma yn eu credy, gan i rywun ei gweld y prynhawn hwnnw yn sipa yn Llambed."

Prosesu Geiriau – Nodweddion Uwch

C1 Copïwch a chwblhewch y brawddegau canlynol gan ddefnyddio'ch geiriau eich hun.

a) Yr enw ar ddogfen safonol sy'n cynnwys y cynllun sylfaenol a'r wybodaeth fformatio sylfaenol yw …

b) Dwy enghraifft o ddiben y dogfennau hyn fyddai …

C2 Copïwch a chwblhewch y brawddegau canlynol gan ddefnyddio'r geiriau cywir o gwmpas y twrci.

Mae .... yn eich helpu i anfon llythyron .... drwy gyfuno llythyr .... gyda .... a gedwir mewn ....

C3 Disgrifiwch gamau gwahanol llunio llythyr drwy bostgyfuno.

C4 A yw'r brawddegau canlynol, sy'n sôn am fewnforio gwybodaeth o gymwysiadau eraill, yn gywir neu'n anghywir?

a) Ystyr mewnforio yw ychwanegu rhywbeth a grëwyd mewn cymhwysiad arall.

b) Enghraifft fyddai mewnforio delwedd cliplun i ddogfen a gynhyrchwyd ar brosesydd geiriau.

c) Ar ôl mewnforio gwrthrych, does dim modd ei symud na'i ailfeintio.

ch) Ni allwch fewnforio gwrthrychau a grëwyd ar daenlen i ddogfen a gynhyrchwyd ar brosesydd geiriau.

C5 Mae Mici Morys yn berchen ar siop fideos ym Mhenygroes. Mae e am anfon llythyr at bob un o'r 327 cwsmer sydd ar ei gronfa ddata. Bydd y llythyr yn hysbysu pob cwsmer am y fideos newydd, gwych sydd wedi cyrraedd ei siop.

Esboniwch y manteision i Mici o ddefnyddio postgyfuno i lunio'r llythyron.

Prosesu Geiriau – pam?...

Mae llythyron wedi eu postgyfuno yn bethau defnyddiol dros ben. Roedd fy nghyfaill Eiry'n ceisio codi arian er mwyn mynd i'r Wladfa, ac anfonodd hi ddegau o lythyron o'r fath i geisio cael pobl i'w noddi.

Creu Delweddau

C1 Pa un o'r arwyddion y mae'r geifr yn eu dal sy'n gorffen y brawddegau canlynol yn gywir?

a) Enw'r delweddau sy'n cynnwys cyfres o ddotiau yw ...

b) Enw'r delweddau sy'n cynnwys llinellau a siapiau yw ...

C2 A yw'r frawddeg ganlynol yn gywir ynteu'n anghywir? Os yw'n anghywir, ysgrifennwch y frawddeg gywir.

Fel arfer, bydd delweddau graffeg fector yn defnyddio llai o gof na delweddau didfap.

C3 A yw'r brawddegau canlynol yn gywir ynteu'n anghywir?

a) Mae modd defnyddio sganiwr i greu delwedd graffeg fector o lun neu dudalen mewn llyfr.

b) Mae'r ddelwedd sydd wedi'i sganio'n cynnwys cyfres o bicseli neu ddotiau.

c) Mae delweddau cydraniad uchel yn cynnwys ychydig o bicseli.

ch) Caiff lluniau a dynnir gan gamera digidol eu storio fel ffeiliau JPEG.

d) Mae ffeiliau JPEG yn fwy na ffeiliau didfap.

C4 Pa un o'r canlynol sy'n fan lle NA ALLWCH gael hyd i gliplun?

a) CD-ROM

b) Y Rhyngrwyd

c) Camera digidol

C5 Gofynnwyd i Llew Morgan ddylunio label newydd ar gyfer tun o selsig. Mae wedi cael hyd i ddelwedd dda o selsigen ar y rhyngrwyd, ac mae am ddefnyddio'r ddelwedd ar y label.

Esboniwch pam, efallai, na allai Llew ddefnyddio'r ddelwedd hon.

C6 Hoffai Sara Williams gynnwys llun o'i mam yn ei phroject Hanes TGAU. Mae Sara'n cynhyrchu'r project ar ei chyfrifiadur.

Disgrifiwch ddwy ffordd y gallai Sara roi llun o'i mam yn y ddogfen

---

Mae llun yn werth mil o eiriau, neu un gair yn unig – geifr...

Ymddiheuraf os oes gormod o eifr yn ymddangos yn y llyfr hwn. Ond maen nhw yma i'ch helpu i gofio'r ffeithiau pwysig hyn. Dysgwch nhw!

Graffeg – Newid Delweddau

C1 Copïwch a chwblhewch y frawddeg ganlynol gan ddefnyddio un o'r geiriau yn y swigen.

Enw'r broses o newid maint delwedd graffeg yw….

(swigen: ailfeintio / ailgyflunio / morffio)

C2 Edrychwch ar y ddwy ddelwedd. Beth sydd wedi'i wneud i ddelwedd A er mwyn cynhyrchu delwedd B?

A  B

C3 A yw'r brawddegau canlynol, sy'n sôn am newid delweddau, yn gywir neu'n anghywir?

a) Gellir ailfeintio delwedd dim ond ar ôl ei mewnforio i raglen bwrddgyhoeddi.

b) Dim ond ymylon delwedd y gellir eu tocio.

c) Mae modd gosod dwy neu ragor o ddelweddau gyda'i gilydd er mwyn creu delwedd newydd.

ch) Grwpio yw gosod un ddelwedd ar ben y llall.

C4 Mae Martha Mihangel am greu delwedd o angel yn eistedd ar ben coeden Nadolig. Mae ganddi luniau o angylion a choed Nadolig yn ei chasgliad o glipluniau, ond nid ydynt yn yr un ddelwedd.

Esboniwch sut y gallai Martha greu ei delwedd.

C5 Mae Jenny Baker am ddefnyddio delwedd o froga i'w helpu i greu poster. Yn anffodus, mae'r broga yn rhy fach.

Esboniwch sut y gallai Jenny wneud y broga'n fwy heb ei wasgu na'i ymestyn.

Newid delweddau…

Dyma TGCh go iawn o'r diwedd. Dim rhagor o'r lol taenlenni yna!!

Golygu Delweddau Digidol

C1 Rydych wedi sganio copi o ffotograff lliw, ond mae'r ddelwedd yn rhy dywyll.

Beth allech ei wneud i wella ansawdd y ddelwedd?

C2 Rydych wedi tynnu llun â chamera digidol, ond mae'r ddelwedd ychydig yn aneglur.

Beth allech ei wneud i wella ansawdd y ddelwedd?

C3 Rydych wedi tynnu ffotograff o raeadr â chamera digidol. Rydych am newid y ffotograff mewn rhaglen golygu ffotograffau fel bod y ddelwedd yn debycach i lun dyfrlliw.

Beth fyddech chi'n ei ddefnyddio i wneud hyn?

'Does dom ots sut dwi'n paentio, mae e bob amser yn edrych yn debyg i gliplun'

C4 Copïwch a chwblhewch y frawddeg ganlynol gan ddefnyddio gair o'r blwch.

Os ydych yn newid gwerth arlliw delwedd byddwch yn newid ei …

> maint
> cylchdroad
> lliw

C5 Mae gan Doris lun, a dynnodd â'i chamera digidol, o'i chyn-gariad. Mae hi am ddefnyddio meddalwedd golygu ffotograffau i roi pen mwnci yn lle pen ei chyn-gariad.

Sut byddai hi'n gwneud hyn?

Sut mae mwncïod yn gwneud tost? Rhoi bara dan y g'rila…

Jôc ofnadwy arall. Mae'n ddrwg gen i. Mae gallu newid lluniau'n beth defnyddiol dros ben, a dwi yn hoffi golwg y boi sydd yn y llun gyda Doris yn fawr iawn.

Adran 4 - Meddalwedd Prosesu Testun a Delweddau

Bwrddgyhoeddi (DTP) – Hanfodion

C1 Copïwch y tabl canlynol. Ticiwch bob eitem y gellir, fel arfer, ei gynhyrchu ar feddalwedd bwrddgyhoeddi.

Eitem	Creu gyda DTP?
Papur newydd	
Poster	
Delwedd graffig	
Cronfa ddata o gwsmeriaid	
Siart cylch	
Llythyr	
Taflen	

C2 Copïwch a chwblhewch y brawddegau canlynol gan ddefnyddio'r geiriau ar y dde.

Mae tudalennau DTP yn cynnwys cyfres o ....
Mae fframiau .... , er enghraifft, yn cynnwys testun; mae fframiau .... yn cynnwys delweddau, ac yn y blaen. Mae modd .... fframiau. Mae hyn yn gwneud .... dogfen DTP, drwy symud .... o destun o gwmpas, yn hawdd iawn. Yn ogystal, gellir symud fframiau ....

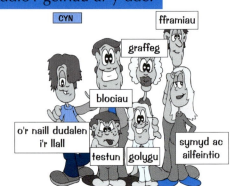

C3
a) Beth sy'n digwydd i weddill y wybodaeth ar y dudalen pan fyddwch yn dileu un ffrâm?

b) Beth sy'n digwydd i weddill y wybodaeth pan fyddwch yn dileu gwrthrych mewn dogfen a gynhyrchwyd ar brosesydd geiriau?

C4 A yw'r brawddegau canlynol yn gywir neu'n anghywir?

a) Mae DTP yn aml yn gweithio'n well pan gaiff y deunydd gwreiddiol ei olygu mewn rhaglen arall cyn ei fewnforio i'r rhaglen DTP.

b) Nid yw ansawdd y ddogfen DTP yn dibynnu ar ansawdd yr argraffydd.

c) Mae'n haws rheoli gosodiad dogfen drwy ddefnyddio prosesydd geiriau yn hytrach na rhaglen DTP.

C5 Mae Twm Tomos am gynhyrchu poster i hysbysebu ei wasanaeth pysgod a sglodion symudol. Mae e am ddefnyddio prosesydd geiriau i greu'r poster.

Nodwch ddau reswm pam y dylai Twm ddefnyddio rhaglen DTP i greu'r poster.

C6 Mae Janet Jones yn Ddirprwy Bennaeth Ysgol Gyfun Dyffryn Tywyllwch. Hi sy'n cynhyrchu cylchlythyr diwedd tymor yr ysgol.

Esboniwch sut y gallai Janet ddefnyddio DTP a meddalwedd arall i'w helpu i greu'r cylchlythyr.

Gweithio gyda Fframiau

C1 Copïwch a chwblhewch y frawddeg ganlynol gan ddefnyddio gair o'r blwch.

Os rhowch chi ffrâm destun ar ochr chwith tudalen, ac un arall ar yr ochr dde, byddwch wedi creu dogfen gyda dau…

> nodwedd
> colofn
> dimensiwn

C2 Nodwch un fantais cysylltu dwy neu ragor o fframiau.

C3 Ysgrifennwch frawddeg i esbonio beth a wnaed i greu'r gwrthrych isod.

C4 Nodwch un fantais ac un anfantais defnyddio patrymluniau i greu dogfennau DTP.

C5 *Erbyn hyn, mae Janet Jones wedi'i dyrchafu'n Bennaeth Ysgol Gyfun Dyffryn Tywyllwch. Hi sy'n gorfod cynhyrchu cylchlythyr diwedd tymor yr ysgol o hyd am nad oes neb arall yn barod i wneud. Mae hi wedi gofyn i chi ei helpu i greu patrymlun ar gyfer y cylchlythyr.*

  a) Ysgrifennwch restr o'r pethau y dylid eu cynnwys ym mhatrymlun y cylchlythyr.

  b) Tynnwch fraslun o gynllun y patrymlun.

Rydych chi yn y ffrâm!

Gall yr hen fframiau hyn fod yn drafferthus, felly ewch ati i'w hymarfer, ac wedyn byddwch yn eu cael yn bethau digon hawdd. Rhowch gynnig arnynt…

Adran 4 - Meddalwedd Prosesu Testun a Delweddau

Cynhyrchu Papur Newydd

C1 Nodwch un fantais defnyddio DTP i gynhyrchu papur newydd.

C2 Copïwch a chwblhewch y tabl drwy esbonio sut mae pob person yn helpu i gynhyrchu papur newydd.

Person	Beth maen nhw'n ei wneud
Gohebydd	
Is-olygydd	
Ffotograffydd	
Golygydd	

C3 Copïwch a chwblhewch y brawddegau hyn drwy aildrefnu'r geiriau sydd wedi'u hamlygu.

a) Y brif ran o erthygl newyddion, sy'n cynnwys y stori, yw **ocffr y ntseut**.

b) Y darn testun sy'n cynnwys gwybodaeth am yr erthygl, megis enw'r gohebydd, a lle y cafodd yr erthygl eu hysgrifennu yw'r **llellni wen**.

c) Mae **epnnwda** yn ddarn byr o destun sy'n tynnu eich sylw at yr erthygl.

ch) Mae **sbdneiwan** yn frawddeg fer sy'n crynhoi'r stori.

d) Y **delarhgaudn** yw prif stori papur newydd.

Sut mae'ch arddull?

C4 A yw'r brawddegau canlynol yn gywir neu'n anghywir?

a) Yr arddull tŷ yw'r set o reolau dylunio ac ysgrifennu y mae'n rhaid i'r tîm sy'n cynhyrchu'r papur ei dilyn.

b) Dewisir yr arddull tŷ i adlewyrchu sgiliau'r bobl sy'n cynhyrchu'r papur newydd.

c) Mae'n cynnwys pethau fel cyngor ynglŷn a'r ffontiau a'r arddull ysgrifennu sydd i'w defnyddio.

ch) Penderfyniad pob gohebydd unigol yw defnyddio'r arddull tŷ ai peidio.

C5 Mae Rhun Rhaw yn olygydd gyda'r Teifi Times, ail bapur lleol ardal Aberteifi. Mae'n ystyried mabwysiadu arddull tŷ i'r papur.

Nodwch ddwy fantais i'r papur o gael arddull tŷ.

Dwi'n dwli ar y dudalen hon...

Bwrwch olwg dros sawl papur newydd gwahanol. Os bydd rhywun yn gofyn pam ydych chi'n gwastraffu amser yn edrych ar y tudalennau chwaraeon, dywedwch eich bod chi'n adolygu TGCh.

Meddalwedd Cyflwyno

C1   Nodwch UN rheswm dros roi cyflwyniad i gynulleidfa.

C2   Copïwch a chwblhewch y brawddegau canlynol, sy'n sôn am roi cyflwyniad, gan ddefnyddio'r geiriau yn y blwch.

Y dull arferol o roi cyflwyniad yw gyda …………… sy'n cyflwyno'r sleidiau a ddangosir ar ……………. Gall y ……………….. ddarllen y wybodaeth ar y sgrin tra bo'r siaradwr yn rhoi iddynt …………………….. fwy manwl. Ffordd arall yw drwy roi cyflwyniad heb …………… . Er mwyn i hyn weithio, rhaid i'r sleidiau fod yn ddigon da i gyfleu'r holl wybodaeth ar eu pen eu hunain. Gall meddalwedd cyflwyno sy'n cynnwys ……………………… hwyluso hyn.

cynulleidfa	gwybodaeth lafar	siaradwr
sylwebaeth	sgrin	

Roedd yn hen bryd iddi ddiweddaru ei meddalwedd

C3   Copïwch y brawddegau canlynol am feddalwedd cyflwyno. A ydynt yn gywir neu'n anghywir?

a) Mae meddalwedd cyflwyno'n creu cyfres o sleidiau mewn un ddogfen.
b) Gall sleidiau gynnwys lluniau neu destun, ond nid y ddau ar yr un sleid.
c) Mae modd gwneud i ddarnau o wybodaeth ar sleid ymddangos fesul un.
ch) Mae modd defnyddio effeithiau animeiddio er mwyn cyflwyno'r wybodaeth ar sleid mewn ffordd ddiddorol.
d) Gellir rheoli effeithiau animeiddio trwy ddefnyddio llygoden neu fotwm rheoli yn unig.

C4   Nodwch dair problem a allai godi o roi cyflwyniad heb ddefnyddio meddalwedd cyflwyno.

C5   *Gofynnwyd i Glyn Glanrafon roi cyflwyniad deg munud o hyd ar destun 'Pysgota am siarcod yn yr afon Dyfrdwy. Mae e wedi penderfynu defnyddio meddalwedd cyflwyno i greu'r sleidiau.*

Disgrifiwch DAIR nodwedd meddalwedd cyflwyno y gallai Glyn eu defnyddio i roi sglein ar ei gyflwyniad.

C6   Mae Ifan Gruffudd wedi paratoi cyflwyniad ar gyfer grŵp o athrawon i ddangos math newydd o feddalwedd. Hoffai addasu'r cyflwyniad er mwyn ei roi ar wefan. Bydd pobl yn gallu llwytho'r cyflwyniad i lawr, ac edrych arno heb fod Ifan yno.

Disgrifiwch DAIR ffordd y gallai Ifan addasu ei gyflwyniad fel y gellir ei ddefnyddio pan nad yw'n bresennol.

Meddalwedd Cyflwyno

C1 P'un o'r meintiau ffont canlynol fyddai'n addas ar gyfer pwyntiau bwled mewn cyflwyniad sioe sleidiau?

   a) 3
   b) 30
   c) 300

C2 Gan ddefnyddio'r geiriau yn y blwch, copïwch a chwblhewch y frawddeg ganlynol sy'n sôn am gynllunio cyflwyniad.

Dylech benderfynu ar fformat y cyflwyniad; penderfynu a fyddwch yn ei gyflwyno'n ………………….. neu ar ffurf ……………………… .

ffeil cyfrifiadur   personol

C3 Copïwch y brawddegau canlynol, gan ddewis y gair cywir o bob pâr.

   a) Yn gyffredinol, ni ddylai fod mwy na (**chwech / chwe deg**) gair mewn llinell o destun ar sleid.
   b) Yn gyffredinol, ni ddylai fod mwy na (**dau ddeg / pump**) llinell o destun ar sleid.
   c) Yn gyffredinol, dylai pob sleid fod ar y sgrin am tua (**dwy / phum**) munud mewn cyflwyniad deg munud.
   ch) Mae defnyddio cefndir gwahanol a gwahanol fathau o ffont ar bob sleid mewn cyflwyniad yn syniad (**da / gwael**).

C4 Nodwch DDWY fantais a DWY anfantais defnyddio meddalwedd cyflwyno.

C5 *Mae Barri Parri wedi cynhyrchu cyflwyniad am ddinosoriaid. Yn ôl Barri, 'Mae popeth dwi'n ei wybod am ddinosoriaid wedi cael ei roi ar y sleidiau. Fydd dim angen imi ddweud dim mwy wrth y gynulleidfa'*

Nodwch UN rheswm pam nad yw penderfyniad Barry o bosib yn un da.

C6 *Mae Dai Saer wedi cynhyrchu cyflwyniad ar y pwnc 'Cadeiriau Enwog mewn Hanes'. Nid yw Dai wedi cynnwys sleidiau i agor na chau ei gyflwyniad.*

Nodwch un rheswm pam y dylai gynnwys sleid i agor ei gyflwyniad a sleid i'w gau.

Yr allwedd i TGCh, adolygu a bywyd yn gyffredinol…

Gall cyflwyniad wneud i lwyth o rwtsh swnio'n wych. Cofiwch hyn yn y dyfodol.

Adran 5 - Taenlenni a Chronfeydd Data

Taenlenni – Hanfodion

C1 Copïwch a chwblhewch y brawddegau canlynol gan ddefnyddio'r geiriau hyn:

> arddangos   prosesu   trefnus   rhifau   graffiau
> testun   cyfrifiadau   chwilio   siartiau

a) Mae taenlen yn rhaglen sy'n gallu ...... ac ...... data mewn modd ....

b) Gall taenlen brosesu ...... a ....

c) Gall taenlenni wneud ....

ch) Gall taenlenni ...... am eitemau penodol o ddata.

d) Gall taenlenni gynhyrchu ...... a ....

C2 Copïwch y daenlen fach. Rhowch labeli ar eich diagram i ddangos y rhesi, y colofnau a'r celloedd. Nodwch gyfesurynnau'r gell sy'n cynnwys y marc cwestiwn.

	A	B	C	D
1				
2		?		
3				

C3 Pa rai o'r brawddegau canlynol sy'n gywir? Copïwch y rhai cywir.

a) Gall pob cell mewn taenlen gynnwys data testun, data rhifiadol neu fformiwlâu.

b) Os ydych yn teipio 732kg i gell, bydd gan y gell honno werth rhifiadol o 732.

c) Mae rhai taenlenni'n adnabod dyddiadau ac arian, ac yn eu newid yn fformat addas.

ch) Nid oes modd didoli data testun yn nhrefn y wyddor.

C4 *Mae cwmni hedfan Cymru Air yn defnyddio taenlen wrth y ddesg dderbyn er mwyn rheoli bagiau pob taith. Lluniwch ddarn o'r daenlen i ddangos sut olwg fyddai ar y data canlynol:*

> Enw'r teithiwr, Alcock, Brown, Wright, Rhif y Bag,
> 10796, 10797, 10798, Pwysau, 66kg, 25kg, 50kg.

C5
a) Mae tair cell yn y daenlen isod yn cynnwys data cymysg anghywir. Nodwch gyfeirnod cell pob un.

b) Esboniwch sut y gall y golofn dyddiad geni ddangos data cymysg.

c) Cywirwch y gwallau ac ail-luniwch y daenlen.

	A	B	C	D
1	Enw	Dyddiad Geni	Taldra	Pwysau
2				
3	David	23-Meh-75	1.6m	60kg
4	Ryan	16-Maw-80	1.7m	55kg
5	Rhodri	11-Gorff-77	1.8m	70kg

Taenlenni – Fformiwlâu Syml

C1 Copïwch a chwblhewch y brawddegau canlynol gan ddefnyddio'r geiriau isod:

a) Mae fformiwla yn ...... gyfrifiadur ....

b) Mae fformiwla'n dweud wrth gyfrifiadur i ...... data sydd mewn celloedd penodol.

c) Mae fformiwla'n defnyddio .... y gallir eu teipio neu eu dethol o ......

ffwythiannau   **rhaglen**   **rhestr**   **prosesu**   **syml**

C2 Lluniwch dabl syml i ddangos pa un o'r symbolau canlynol a ddefnyddir ar gyfer y ffwythiannau a restrir.

C3 Edrychwch ar y data yn y daenlen ganlynol ac esboniwch yn syml beth fyddech yn ei wneud er mwyn mewnbynnu fformiwla yng nghell I2 i gyfrifo cyfanswm gwerthiant wythnosol crynoddisg diweddaraf Alun Tanlan.

	A	B	C	D	E	F	G	H	I
1	Artistiaid y CD	LL	M	ME	I	G	S	SUL	Cyfanswm
2	Alun Tanlan	50	40	30	80	52	100	0	
3	Meinir Gwilym	10	10	12	13	14	25	0	
4	Brigyn	20	23	22	21	24	30	0	
5	Elin Fflur	60	61	59	70	66	120	0	

C4 Yn yr enghraifft uchod gallech gopïo'r fformiwla a ysgrifennoch i gyfrifo gwerthiant Alun Tanlan, a'i gludo yng ngholofn cyfanswm pob un o'r artistiaid eraill.

a) A fyddai hyn yn rhoi'r ateb cywir i ch?

b) Pa fath o gyfeirnod cell y byddech yn ei ddefnyddio – cymharol neu absoliwt?

C5 Mae perchennog y siop nawr am gyfrifo faint o arian y dylai fod wedi'i gymryd am bob crynoddisg. Mae'n newid prisiau'r crynoddisgiau o bryd i'w gilydd felly mae'n penderfynu cael cell arbennig i gynrychioli'r pris. (Mae pris pob CD yr un peth.)

a) Ail-luniwch y daenlen i ddangos sut y byddai hyn yn cael ei gynnwys.

b) Ysgrifennwch y fformiwla a fyddai'n cael ei defnyddio i gyfrifo cyfanswm gwerthiant yr albwm gan Elin Fflur.

c) Ydy cyfeirnod eich cell 'pris' yn un cymharol neu'n un absoliwt?

Adran 5 – Taenlenni a Chronfeydd Data

Taenlenni – Siartiau a Graffiau

C1 Mae pump o'r brawddegau canlynol yn cysylltu â'i gilydd i esbonio sut i greu siart neu graff o daenlen. Penderfynwch pa bump sy'n gywir, a'u hysgrifennu yn y drefn gywir.

    A   Dewiswch y math o siart rydych ei eisiau.

    B   Lluoswch golofn A â cholofn B.

    C   Penderfynwch a oes angen allwedd ar y siart.

    Ch   Newidiwch bob cyfeirnod cell cymharol yn gyfeirnod absoliwt.

    D   Casglwch yr holl ddata y bydd ei angen arnoch mewn un bloc.

    Dd   Amlygwch y data y byddwch am ei ddefnyddio.

    E   Dewiswch deitl da ar gyfer y siart a labelwch unrhyw echelinau.

C2 Mae'r tabl i'r dde wedi'i gymysgu. Ail-luniwch y tabl fel ei fod yn dangos yn gywir y ffyrdd gorau o ddefnyddio siartiau a graffiau, ac enghreifftiau ohonynt.

Math	Y gorau ar gyfer	Enghraifft
Graff Bar	Data di-dor ar yr echelin x	Maint esgidiau 50 o bobl
Graff Llinell	Ffracsiynau o gyfanswm	Tymheredd mewn tŷ gwydr dros gyfnod o ddiwrnod
Graff Gwasgariad	Data ar wahân ar yr echelin x	Gwerthiant hufen iâ yn erbyn oriau o heulwen
Siart Cylch	Dangos perthnasoedd	Steiliau o gerddoriaeth yn Neg Ucha'r Siart

C3 Mae Steffi yn hyfforddwraig tenis sydd wedi cael cynnig nawdd gan bum cwmni gwneud racedi. Er mwyn ei helpu i benderfynu pa un i'w ddewis mae hi wedi gofyn i 60 chwaraewr tenis pa un sydd orau ganddynt. Mae hi wedi llunio'r daenlen isod ond mae hi am dynnu siart neu graff.

    a)   Pa fath o graff neu siart byddech chi'n ei gymeradwyo?

    b)   Esboniwch y camau y byddai Steffi'n eu dilyn er mwyn cynhyrchu graff neu siart gan ddefnyddio ei rhaglen daenlen.

Gwneuthuriad	Nifer y defnyddwyr
Wilson	10
Head	20
Slazenger	15
Dunlop	5
Fischer	10
Cyfanswm	**60**

C4 Mae Samantha yn berchennog bwtîc bach. Mae wrthi'n penderfynu beth y dylai ei brynu ar gyfer y tymor sy'n dod. Mae ganddi ddata o'r llynedd am sawl bicini a werthwyd mewn perthynas â thymheredd y dydd:

10°C — 1, 12°C — 2, 14°C — 3, 16°C — 5, 18°C — 10, 20°C — 30.

    a)   Rhowch y data mewn fformat taenlen.

    b)   Lluniwch y graff sy'n dangos y data hwn orau.

Mae graffiau'n gweithio

Defnyddiwch graff os byddwch chi am weld sut mae rhywbeth yn newid dros gyfnod o amser.

Modelau ac Efelychiadau Taenlen

C1 A yw'r brawddegau hyn yn gywir neu'n anghywir? Copïwch y rhai cywir.

a) Gall taenlenni ddefnyddio fformiwlâu i ddisgrifio'r rheolau y mae pethau yn y byd go iawn yn tueddu i'w dilyn.

b) Gellir defnyddio taenlenni i wneud dadansoddiad Beth os?

c) Mae taenlenni'n gadael i chi newid gwerthoedd mewnbwn er mwyn gweld yr effaith ar yr allbwn.

ch) Gellir newid gwerthoedd mewnbwn gan ddefnyddio fformiwlâu i gynhyrchu gwerthoedd allbwn.

C2 Copïwch a chwblhewch y brawddegau canlynol gan ddefnyddio geiriau o'r blwch.

> graffiau   mewnbwn   siartiau   modelu   allbwn   efelychiadau

a) Gellir defnyddio taenlenni ar gyfer ………

b) Gellir defnyddio taenlenni ar gyfer ………

c) Mae model taenlen yn gadael i chi newid y ……… a gweld yr effaith ar yr ……….

ch) Gall yr allbwn fod yn ……… neu ……… sy'n ei gwneud yn haws deall rhagfynegiadau'r model.

C3 Mae Paula yn rhedwr da dros 1500m. Mae ei hyfforddwr am roi cyngor iddi ynghylch tactegau. Mae angen iddi weld effaith amrywio amser pob un o'r pedwar lap ar gyfanswm ei hamser ar gyfer y ras gyfan.

Lluniwch fodel syml a fydd yn ei helpu hi a'i hyfforddwr i wneud dadansoddiad 'Beth os' o effaith amrywio amser pob lap unigol ar ei hamser cyffredinol.

C4 Mae Rhys yn dechrau paratoi ei fusnes gwerthu concyrs yn yr hydref.
Mae e wedi llunio model a fydd yn ei ganiatáu i weld yr effaith ar yr elw wrth iddo newid nifer y concyrs ym mhob bag, pris pob bag neu'r nifer a werthir.

	A	B
1	Nifer y bagiau a werthir	50
2	Nifer y concyrs ym mhob bag	100
3	Pris pob bag c	100
4	Cyfanswm yr arian a enillir £	50
5	Elw i bob concyr c	1

Copïwch y model ac ysgrifennwch y fformiwlâu a fyddai'n ymddangos yn:

a) Cell B4

b) Cell B5

C5 Mae 'Ceir Italian Job Cyf' yn arbenigo mewn cynnal a chadw ceir Mini. Rhaid i Sergio roi gwasanaeth da a chyflym. Mae'n llunio model i ddangos y berthynas rhwng nifer y cwsmeriaid, nifer y mecanyddion, yr amser cyfartalog y bydd un mecanydd yn ei gymryd i roi gwasanaeth i gar Mini, a chyfanswm yr amser ar gyfer y gwasanaeth.

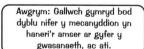

Awgrym: Gallwch gymryd bod dyblu nifer y mecanyddion yn haneri'r amser ar gyfer y gwasanaeth, ac ati.

Lluniwch daenlen y gallai ei defnyddio, ac ysgrifennwch y fformiwla sy'n cyfeirio at y gell sy'n cynnwys 'cyfanswm amser y gwasanaeth'.

Cronfeydd Data

C1 Edrychwch ar y gronfa ddata isod. Copïwch hi, ac arni:

Teitl	Awdur	ISBN	Dyddiad allan	Dyddiad dychwelyd
Un Noson Dywyll	Jones	23456	10/11/2002	10/12/2002
The Lord of the Rings	Tolkien	21645	08/11/2002	08/12/2002
Cysgod y Cryman	Elis	654321	03/11/2002	03/12/2002
Pride and Prejudice	Austen	152643	11/11/2002	11/12/2002

a) Nodwch y meysydd.

b) Nodwch y cofnodion.

c) Nodwch un eitem o ddata.

ch) Nodwch yr 'allwedd-faes'.

C2 Edrychwch ar y brawddegau canlynol a chopïwch y rheiny sy'n gywir.

a) Mae cronfa ddata yn gasgliad trefnus o ddata.

b) Mae dod o hyd i wybodaeth mewn cronfa ddata fawr yn anodd.

c) Caiff data ei drefnu'n feysydd ac yn gofnodion.

ch) Mae cadw cofnodion â llaw yn gyflymach na defnyddio cronfa ddata ar gyfrifiadur.

d) Gellir defnyddio cronfa ddata i gynhyrchu adroddiadau.

C3 Cysylltwch bob math o ddata ar y chwith â'r data cywir ar y dde.

Testun   1.3142

Cyfanrif   26/09/02

Rhif real   Gwahadden

Dyddiad   666

C4 Copïwch a chwblhewch y brawddegau canlynol gan ddefnyddio'r geiriau ar y maes.

a) Cam cyntaf creu cronfa ddata ydy penderfynu pa _____ y byddwch eu hangen.

b) Mae angen _____, disgrifiad o'r cynnwys, _____ a _____ ar bob maes.

c) Mae'r math o ddata'n bwysig oherwydd bod modd cyflawni _____ gwahanol ar wahanol fathau o ddata.

ch) Gellir lleihau maint ffeil y gronfa ddata trwy _____ data, e.e. defnyddio 'G' neu 'B' am 'gwrywaidd' a 'benywaidd'.

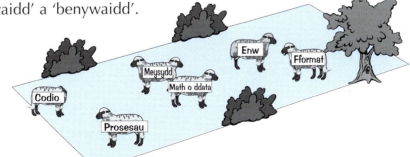

C5 Nodwch dair elfen bwysig o gronfa ddata.

Cronfeydd Data

C6 Mae Mr Lloyd yn rhoi gwersi cerdd. Mae'n cadw gwybodaeth am ei ddisgyblion ar gronfa ddata. Dengys y tabl isod rai o'r meysydd y mae'n eu defnyddio. Mae'r graddau'n mynd o 1 i 8, ac mae'r ffi mewn punnoedd.

Enw Cyntaf	Enw Olaf	Dyddiad Geni	Gradd	Offeryn	Ffi

Copïwch y tabl ac o dan bob maes ysgrifennwch y math o ddata y bydd yn eu defnyddio, h.y. Testun, Rhif Real, Cyfanrif neu Ddyddiad.

C7 Mae Cwmni Clocsio yn ysgol ddawns sy'n arbenigo mewn dawnsio gwerin. Dangosir rhan o'u cronfa ddata isod.

	A	B	C	D	E	F	G
1	Enw cyntaf	Enw olaf	Rhyw	Math o Ddawns	Gradd	Teilyngdod Arbennig	Ffi
2							
3	Catrin		Merch	Cymreig	Lefel 8	Clod	25 Punt
4							

Dyfeisiwch system godio ar gyfer y data yng ngholofnau C i G a fydd yn lleihau maint y ffeil ac felly'n defnyddio llai o gof y cyfrifiadur. Copïwch y gronfa ddata gan ysgrifennu eich cod newydd yn rhes 3.

C8 Mae Carol yn canu'r ffliwt. Mae'n cadw cofnod o'r darnau y mae wedi'u dysgu, a'r dyddiad y'u dysgodd. Mae'n hoffi jazz, cerddoriaeth glasurol a chanu pop. Mae hi hefyd yn cofnodi enw'r cyfansoddwr.

Lluniwch gronfa ddata addas i Carol trwy:

a) Benderfynu ar y meysydd y bydd eu hangen.

b) Enwi pob maes.

c) Disgrifio cynnwys pob maes.

ch) Penderfynu ar y fformat.

d) Penderfynu ar fath y data.

C9 Gan ddefnyddio'r meysydd a ddewisoch yng Nghwestiwn 8, rhowch 3 chofnod enghreifftiol i'r gronfa ddata er mwyn dangos sut y byddai'n edrych.

Yn gaeth i'w Gell fach, roedd Rhif 6 yn dyheu am y Meysydd agored...

Maen nhw'n ddiddorol, yn swynol, a gallant wneud eich cyfrifon drosoch chi. Does dim rhaid i chi brynu siocledi iddyn nhw na chofio eu pen-blwydd. Mae'n hawdd plesio'r rhain, fechgyn!!

Cronfeydd Data

C10 Mae Ffarmwr Ffowc am ddechrau cadw gwybodaeth am ei fuches odro ar ei gyfrifiadur. Mae'r tabl yn dangos un cofnod nodweddiadol.

Enw'r maes:								
Cofnod nodweddiadol:	Mali	1056789	Ffrisiad	21/03/2005	60 litr	998.5kg	£120	£50
Math o ddata:								
Wedi codio:								

Copïwch y tabl.

a) Cwblhewch res uchaf y tabl drwy awgrymu enwau maes i bob darn o ddata.

b) Cwblhewch y drydedd res drwy ysgrifennu'r math o ddata ar gyfer pob maes, h.y. testun / cyfanrif / rhif real / dyddiad

c) Cwblhewch y rhes isaf drwy awgrymu codio addas ar gyfer y data ym mhob colofn. Os nad yw codio'n addas rhowch 'dim'.

C11 Mae siop adrannol fawr yn defnyddio cronfa ddata i fonitro gwerthiant pob adran yn y siop. Dyma adroddiad wythnos nodweddiadol.

	A	B	C	D
	Adran	Gwerthiant yr wythnos hon	Gwerthiant yr wythnos ddiwethaf	**Gwahaniaeth**
1	Persawr	£10,000	£9,000	I fyny
2	Dillad Isaf	£8,000	£7,000	I fyny
3	Teganau	£6,000	£5,000	I fyny
4	Nwyddau Trydanol	£20,000	£15,000	I fyny
5	Dillad Dynion	£12,000	£13,000	I lawr

a) Beth yw'r allwedd-faes?

b) A allai aelodau staff chwilio'r gronfa ddata i ganfod ffigurau gwerthiant eu hadran benodol nhw?

c) Beth fyddech chi'n ei wneud i drefnu'r adrannau yn nhrefn y wyddor?

ch) Beth fyddech chi'n ei wneud i drefnu'r data fel bod yr adran â'r derbyniadau uchaf yr wythnos hon ar frig y gronfa ddata?

d) Gan ddefnyddio'r data uchod, nodwch...

(Ar yr adeg yma, collodd y sawl a ysgrifennodd cwestiwn 11 bob diddordeb a gwrthododd fynd yn ei flaen. Ewch ymlaen at Gwestiwn 12 ar y dudalen nesaf.)

Adran 5 - Taenlenni a Chronfeydd Data

Cronfeydd Data

C12 Mae'r ganolfan hamdden leol yn defnyddio cyfrifiadur i fonitro gweithgareddau ei haelodau. Mae Marc, Siân a Gethin yn aelodau nodweddiadol. Mae gennym y wybodaeth ganlynol amdanynt: Rhif aelodaeth Siân Morgan yw 161. Mae'n nofio, mae'n chwarae sboncen ac mae'n defnyddio'r sawna. Rhif aelodaeth Gethin Rhys yw 263. Mae'n chwarae badminton, mae'n nofio ac mae'n defnyddio'r gampfa. Rhif aelodaeth Marc Puw yw 111. Mae'n chwarae pêl raced, mae'n nofio ac mae'n defnyddio'r gampfa.

    a)   Lluniwch gronfa ddata addas i storio'r wybodaeth hon.

    b)   Beth fyddai'r allwedd-faes?

C13 Lluniwch a thynnwch lun cronfa ddata i gofnodi canlyniadau 5 tîm hoci mewn cynghrair leol. Bydd gofyn iddi gofnodi nifer y gemau a chwaraewyd, nifer y gemau a enillwyd ac a gollwyd a nifer y gemau cyfartal, y pwyntiau a enillwyd hyd at ddyddiad penodol, nifer y goliau a sgoriwyd a nifer y goliau a ildiwyd, ynghyd â'r safle cyfredol yn y tabl.

C14 Pan fydd carcharorion yn cyrraedd Carchardy'r Hogia Drwg, fe gofnodir eu henwau a rhoddir iddynt rif carcharor 5 digid. Hefyd, cofnodir natur eu trosedd, dyddiad cyrraedd y carchardy a hyd eu dedfryd.

    a)   Lluniwch a thynnwch lun cronfa ddata cof-effeithlon i storio'r cofnodion, a rhowch 3 charcharor dychmygol arno.

    b)   Beth fyddai'r allwedd-faes?

    c)   Pa fath o ddata fyddai'r allwedd-faes?

Ac wele! Gorchfygwyd y bwystfil mawr...
Cysgwch yn dawel, gyfeillion. Mae'r llyfr hwn wedi'ch helpu i drechu bwystfil y cronfeydd data. Yfwch yn ddwfn o win eich gwybodaeth, a llawenhewch.

Adran 6 – Y Rhyngrwyd

Hanfodion y Rhyngrwyd

C1 Copïwch a chwblhewch y brawddegau canlynol gan ddefnyddio'r geiriau yn y blwch isod.

> **Darparwr Gwasanaeth Rhyngrwyd**   **cleient e-bost**
> **porwr gwe**   **PC**   **llinell ffôn**

a) Er mwyn cysylltu â'r Rhyngrwyd, rydych yn defnyddio'ch modem i ddeialu cyfrifiadur .... (ISP).

b) Mae'r rhan fwyaf o bobl yn defnyddio .... (neu Mac) a .... arferol er mwyn cyrchu'r Rhyngrwyd.

c) Y ddau ddarn pwysicaf o feddalwedd y bydd eu hangen arnoch yw .... i arddangos y tudalennau gwe, a .... sy'n anfon a derbyn e-bost.

C2

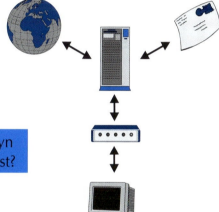

a) Copïwch a labelwch y diagram gan ddefnyddio'r geiriau yn y blwch isod.

b) Beth mae modem yn ei wneud?

c) Beth yw ISP?

ch) Pa ddau fath o feddalwedd y byddai eu hangen er mwyn cyrchu'r We Fyd-Eang (WWW) ac anfon a derbyn e-bost?

> **Modem**   **ISP**   **E-bost**
> **Gwe Fyd-Eang**   **Cyfrifiadur**

C3 Cwblhewch frawddegau a), b) ac c) gan ddefnyddio'r geiriau yn y blwch ar y dde.

a) **Mae ymchwil ar y Rhyngrwyd yn** ....

b) **Mae creu tudalen we yn** ....

c) **Mae defnyddio e –bost yn** ....

> ffordd gyflym o anfon negeseuon.
>
> ffordd dda o ddod o hyd i wybodaeth o bedwar ban y byd.
>
> ffordd wych o ddweud wrth y byd pwy ydych chi a beth ydych chi'n ei feddwl.

C4 Mae Colin yn symud tŷ. Hoffai gadw mewn cysylltiad â'i ffrindiau, ond mae arno ofn defnyddio'r ffôn. Mae'n penderfynu cadw mewn cysylltiad â nhw trwy ddefnyddio'r Rhyngrwyd.

Pa galedwedd a meddalwedd y dylai eu prynu?

Ymchwilio i Bwnc

C1 Nodwch **un** fantais ac **un** anfantais defnyddio'r ffynonellau isod ar gyfer ymchwil.

a) **Llyfrau** b) **CD-ROMau** c) **Y Rhyngrwyd**

C2 A yw'r brawddegau canlynol yn gywir neu'n anghywir?

a) Gallwch chwilio am wybodaeth ar y Rhyngrwyd gyda chi a chath.
b) Mae Peiriannau Chwilio yn wefannau sy'n eich helpu i chwilio am wefannau eraill.
c) Mae Oggle, Yah Boo, Labrador a Tell Nell i gyd yn beiriannau chwilio poblogaidd.
ch) Pan deipiwch allweddair i beiriant chwilio, mae'n rhestru nifer o wefannau sy'n cynnwys y gair hwnnw.
d) Mae modd gwneud chwiliadau cymhleth trwy ddefnyddio mwy nag un allweddair, a'u cysylltu ag AND neu OR.

C3 Copïwch y paragraff isod sy'n sôn am beiriannau chwilio, gan ddewis y gair cywir o bob pâr mewn cromfachau.

Mae peiriannau chwilio'n cadw (**cloeon / allweddeiriau**) gwahanol wefannau. Pan fyddwch yn chwilio, cewch restr o (**dudalennau gwe / allweddi**) posibl gyda'ch (**clo / allweddair**) ynddynt. Rhain ydy'r (**trawiadau / cwcis**). Yn aml, bydd y peiriant chwilio yn dod o hyd i filoedd o (**drawiadau / cwcis**), ond dim ond (**10 / 200**) y bydd yn eu dangos ar y tro. Mae gwahanol beiriannau chwilio yn tueddu i gynhyrchu canlyniadau (**tebyg / gwahanol**), felly os na ddewch chi o hyd i'r hyn rydych yn chwilio amdano, mae'n werth edrych ar sawl un.

C4 *Mae Sarah yn aelod o Glwb Cefnogwyr Craig David. Mae hi wedi mewnbynnu'r allweddair David i un o'i pheiriannau chwilio, ac mae rhestr o drawiadau wedi ymddangos ar ei sgrin.*

a) Heblaw am y safleoedd, nodwch dri pheth y gallai'r rhestr ddweud wrthi am bob tudalen.

b) Mae'r rhestr yn dangos y testun canlynol mewn glas ac wedi'i danlinellu: http://www.flava.co.uk
Pa dair llythyren a ddefnyddir i ddisgrifio hwn?

Ti sydd ag allweddair fy nghalon... www!

Rhaid chwilio am allweddair y drws cefn...

Fel arfer, mae gan beiriannau chwilio 'dudalen gymorth' neu dudalen sydd â chyngor am chwilio. Byddant yn dangos i chi sut mae gwneud chwiliadau mwy cymhleth, fel chwilio am rywbeth mewn iaith arbennig, er enghraifft.

Chwilio am Wybodaeth

C1 Copïwch a chwblhewch y brawddegau canlynol gan ddefnyddio'r geiriau yn y blwch:
  a) Gallai rhestr o drawiadau gynnwys .... o wefannau.
  b) Mae angen i chi ddewis y rheiny sy'n debygol o fod yn ....
  c) Edrychwch ar y manylion ....
  ch) Gall edrych ar leolydd adnoddau unffurf (URL) y dudalen roi syniad i chi o'r ....
  d) Gall yr .... roi syniad i chi o bwy a ysgrifennodd y wefan.

> miliynau
> defnyddiol
> yn eu trefn
> cynnwys
> URL

C2 Gan ddefnyddio'r geiriau isod, copïwch a chwblhewch y brawddegau canlynol am sut i lywio'r we.
  a) Gall porwyr gwe gadw pob URL y byddwch yn eu defnyddio fel .... neu ....
  b) Mae .... yn aml mewn glas ac wedi'u tanlinellu.
  c) Mae porwyr yn cadw rhestr o'r holl wefannau y byddwch wedi ymweld â nhw – dyma'r ....
  ch) Mae gan borwyr fotymau .... ac .... Mae'r rhain yn eich galluogi i 'gamu nôl' i dudalen a welsoch ynghynt, ac wedyn symud ymlaen unwaith eto.

C3 A yw'r brawddegau canlynol yn gywir neu'n anghywir?
  a) Mae hypergysylltau yn fannau ar dudalen we y gallwch glicio arnynt er mwyn mynd i rywle arall.
  b) Mae'r pwyntydd yn newid yn droed pan tyddwch yn aros dros hypergyswllt.
  c) Os ydych wedi eu defnyddio o'r blaen, yn aml dangosir hypergysylltau mewn lliw gwahanol.
  ch) Bydd pwyso'r botwm hanes yn mynd â chi i wefan Hanes TGAU.

C4 *Peth amser yn ôl, rhoddodd ffrind gorau Jeni fanylion gwefan oedd yn arbenigo mewn gwnïo iddi. Aeth Jeni i'r wefan, ac wedyn fe daflodd y darn papur â manylion y wefan arno i'r tân.*
  a) Sut gallai fynd nôl i'r wefan heb ofyn i'w ffrind?
  b) Ar ôl iddi fynd nôl i'r wefan beth allai ei wneud i sicrhau y byddai'n dod o hyd iddi yn hawdd y tro nesaf

Porwyr – cymaint i'w ddysgu...
...ond unwaith y byddwch wedi eu meistroli, byddan nhw'n hwyluso pethau i chi.

Chwilio am Wybodaeth

C1 *Mae Dai am agor gwesty i ieir, ond nid oes ganddo unrhyw ieir.*
Mae e wedi dod o hyd i wefan a allai fod o gymorth iddo.

Pa rai o'r pethau hyn allai ei helpu i ddod o hyd i'r wybodaeth sydd ei hangen arno ar y wefan?

- a) Rhestr o gynnwys y wefan
- b) Ffolder y ffefrynnau
- c) Besi, bresychen anwes Dai
- ch) Map o'r safle
- d) Y ffenestr hanes

C2 Mae'r brawddegau canlynol, sydd wedi'u cymysgu, yn cyfeirio at ddulliau o gadw gwybodaeth y byddwch yn dod o hyd iddi ar y Rhyngrwyd. Rhowch y geiriau mewn trefn ac ysgrifennwch y frawddeg yn gywir.

- a) neu i lun da, ddarn diddorol o destun Pan fyddwch yn dod o hyd i mae'n debyg y byddwch eisiau ei gadw.
- b) i gadw'r dudalen gyfan. y ddewislen ffeil Defnyddiwch.
- c) neu'i hargraffu i gyd, Yn lle cadw'r dudalen gyfan, y darnau y bydd eu hangen arnoch. gallwch gadw dim ond
- ch) copïwch ef, a'i ludo Os dewch chi o hyd i raglen graffeg. de-gliciwch arno, i lun da.

C3 A yw'r gosodiadau hyn yn gywir neu'n anghywir?

- a) Pan fyddwch yn cadw rhywbeth o'r Rhyngrwyd, mae'n syniad da i nodi'r URL lle daethoch o hyd iddo.
- b) Nid oes angen dweud wrth bobl lle y daethoch o hyd i'r wybodaeth.
- c) Ffordd hawdd o gadw nodyn o bethau y dewch o hyd iddynt yw copïo cyfeiriad y wefan o'r bar cyfeiriad.
- ch) Bydd eich ffrindiau yn eich edmygu os cymerwch arnoch mai eich syniadau chi yw'r rheiny y daethoch o hyd iddynt ar y we, ac fe fyddwch yn siŵr o ddodd yn Llywydd y Cynulliad ryw ddydd.

C4 *Mae Anne wedi bod yn gwneud ymchwil ar gyfer project Cymraeg.*
Mae hi wedi dod o hyd i wefan am 'Feirdd y Canolbarth' sy'n cynnwys
testun da a llun hyfryd o fardd blewog y mae hi am eu cadw.

- a) Esboniwch sut y gallai gadw'r testun er mwyn ei ddefnyddio'n ddiweddarach.
- b) Esboniwch sut y gallai gadw'r llun er mwyn ei ddefnyddio'n ddiweddarach.
- c) Beth ddylai ei wneud er mwyn cadw cofnod o'r hyn y cafodd hyd iddo?

Adran 6 - Y Rhyngrwyd

Ffeithiau a Barn

C1 Defnyddiwch y geiriau hyn i gwblhau'r brawddegau canlynol:

| unochrog | teg | ffeithiau | anwybyddu | unrhywun |

a) Gallai gwybodaeth ar y Rhyngrwyd fod yn ……….

b) Mae gwybodaeth unochrog yn cefnogi safbwynt arbennig heb fod yn ……….

c) Gallai rhai ffeithiau gael eu ………. am nad ydynt yn gydnaws â barn yr ysgrifennwr.

ch) Weithiau, bydd pobl yn honni bod barnau unochrog yn ………., hyd yn oed pan nad ydynt yn ffeithiau o gwbl.

d) Gan fod ………. yn gallu rhoi gwybodaeth ar y Rhyngrwyd, mae llawer ohoni'n anwir.

C2 A yw'r gosodiadau canlynol yn gywir neu'n anghywir?

a) Gallai pobl ysgrifennu erthygl unochrog oherwydd eu bod am gefnogi plaid wleidyddol.

b) Nid yw'r rhan fwyaf o bobl byth yn unochrog.

c) Gallai pobl ddefnyddio'r Rhyngrwyd i geisio darbwyllo pobl eraill i gredu'r un ffordd â nhw.

C3 Pa rai o'r canlynol sy'n Ddata Cynradd a pha rai sy'n Ddata Eilaidd?

a) Aled Jones – unawdydd gorau'r byd.

b) Glawiad y mis hwn.

c) Nifer y genedigaethau'r wythnos hon yng Nghymru.

ch) Mae ffonau symudol yn pobi'ch ymennydd.

C4 Daeth Danny o hyd i'r gwefannau sglefrfyrddio canlynol ar y Rhyngrwyd.

boardnews.co.uk – Erthyglau am fyrddau

whichskateboard.co.uk – Cymharu'r holl fyrddau sydd ar gael ym Mhrydain.

ourboardsarebest.co.uk – Gwefan cwmni Americanaidd.

USAboarddata.co.uk – Wedi'i gasglu gan fyfyrwyr ymchwil UCLA.

fastestlightest.co.uk – Rhestr o feintiau, pwysau ac ystadegau eraill.

a) Pa safle y byddech yn disgwyl iddo fod y mwyaf unochrog?

b) Pa safle(oedd) y byddech yn disgwyl iddynt gynnwys data Cynradd?

c) Pa safle(oedd) y byddech yn disgwyl iddynt gynnwys data Eilaidd?

ch) Pa safle(oedd) y byddech yn disgwyl iddynt gynnwys ystadegau?

'Y gwir yn erbyn y byd' – ond gwir pwy?

Gwybodaeth unochrog, ffeithiau a barnau – yn y bôn, synnwyr cyffredin ydyw. Byddwch yn ddrwgdybus iawn o'r hyn a welwch ar y Rhyngrwyd, ac o ddynion â blew yn tyfu o'u clustiau, wrth gwrs.

Cynllunio Tudalen We

C1 Copïwch a chwblhewch y brawddegau canlynol gan ddefnyddio'r geiriau isod.

> diddorol   ffontiau   hypergysylltau
> lluniau   syml   tipyn

a) Mae angen i wefannau fod yn .... i'w darllen.

b) Dylai tudalennau gwe fod yn glir a dylent ddefnyddio nifer fach o ....

c) Defnyddiwch gynllun ....

ch) Mae .... yn gwneud tudalen we'n ddiddorol, ond maent yn cymryd .... o amser i'w llwytho i lawr.

d) Peidiwch â defnyddio gormod o ....

C2 Mae cynllun y dudalen we ar y dde yn wael. Sut byddech chi'n gwneud y pethau canlynol?

a) Gwella golwg y teitl.

b) Cwtogi ar yr amser llwytho i lawr.

c) Gwneud y safle'n fwy clir.

ch) Ei gwneud yn haws i bobl symud i dudalennau eraill.

Dylunio Rhyngrwyd yr Hwyaden Farw

Rydym yn arbenigo mewn gwefannau diflas iawn.

Mae'n gwefannau ni'n enwog am fod yn anniddorol, yn ddiflas ac maen nhw'n cynnwys brawddegau hirion sy'n dweud fawr ddim ac yn gallu drysu pobl.

does neb byth yn ymweld â'n gwefan ni am yr eilwaith

C3 A yw'r brawddegau canlynol yn gywir neu'n anghywir?

a) Mae tudalennau gwe yn union fel llyfrau, rydych yn dechrau ar dudalen un ac yn darllen y lleill yn eu trefn.

b) Mae gan dudalennau gwe fotymau er mwyn i chi ddewis yr hyn y byddwch chi am ei ddarllen.

c) Mae'r rhan fwyaf o bobl yn ymddiddori yn yr un pethau.

ch) Gallwch gael llawer o fotymau neu hypergysylltau ar eich tudalen we, pob un ohonynt yn cysylltu â thudalennau gwahanol.

C4 *Hobi Olwen yw cadw anifeiliaid bach blewog. Mae'n ymfalchïo yn ei chasgliad ac mae'n cynllunio gwefan i hysbysu pobl eraill am ei diddordeb.*

Mae angen help arni i gynllunio ei thudalen gyntaf. Lluniwch y dudalen er mwyn dangos iddi sut y byddai'r canlynol yn ymddangos:

a) Teitl: **Anifeiliaid bach a blewog.**

b) Is-deitl: **Casgliad Olwen.**

c) Ei dau lun – un o fochdew a'r llall o gwningen.

ch) Lliw cefndir a lliw y testun.

Creu Tudalen We

C1 Edrychwch ar y bar offer isod. Pa fotwm y byddech yn ei bwyso i wneud y canlynol?

a) dewis y math o ffont

b) tanlinellu testun sydd wedi'i amlygu

c) fformatio paragraff cyfan

ch) newid maint testun sydd wedi'i amlygu

C2 Copïwch a chwblhewch y brawddegau canlynol gan ddefnyddio'r geiriau yn y blwch:

Mewnosod   bwled   cefndir   rhifau

a) Gelwir rhestr debyg i hon
- bla bla blaaaab
- bllllaaa bliaaaa

yn rhestr ....

b) Gelwir rhestr debyg i hon
1) blabaty bla bla
2) bla blab blabay

yn rhestr ....

c) Mae newid .... tudalen we yn hawdd – dewiswch liw neu lun.

ch) Gallwch ychwanegu llinellau llorweddol yn hawdd drwy ddefnyddio'r ddewislen ....

C3 a) Sut byddech chi'n ychwanegu llun at eich tudalen we?

b) Beth fyddech chi'n ei ddefnyddio er mwyn gosod eich lluniau yn y mannau iawn ar eich tudalen we?

c) Pa ddau fath o lun a ddefnyddir amlaf ar y Rhyngrwyd? Dewiswch nhw o'r rhestr isod.

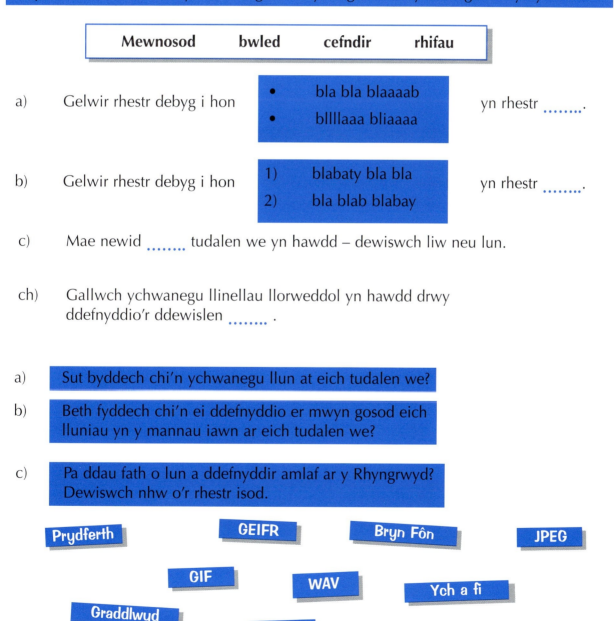

Creu Tudalen We – y Darnau mwy Anodd

C1 Rhowch y 3 brawddeg isod yn y drefn iawn, fel eu bod yn rhoi disgrifiad cywir o sut i wneud cyswllt ar gyfer tudalen we.

- A Dewiswch y botwm a'i newid i fod yn gyswllt trwy glicio ar y botwm hypergyswllt.
- B Teipiwch gyfeiriad y dudalen rydych am gysylltu â hi yn y blwch 'URL'.
- C Crëwch y gair, y siâp neu'r llun rydych am ei ddefnyddio yn fotwm.

C2 Copïwch a chwblhewch y brawddegau canlynol, gan ddewis y gair cywir o'r tri dewis a roddir:

a) .... yw iaith y We Fyd-Eang (WWW).   **(C++)**   **(HTML)**   **(BASIC)**

b) Mae meddalwedd .... yn gadael i chi gynhyrchu tudalennau gwe heb wybod HTML.
(taenlen)   **(mochyn daear)**   **(gwe-gynllunio)**

c) Er mwyn cael cip ar HTML, cliciwch ar y ddewislen gweld a dewiswch ....
(ffynhonnell)   **(sos coch)**   **(gwanwyn)**

C3 Dangosir tri phennawd colofn mewn print trwm isod. Lluniwch dabl gan ddefnyddio'r penawdau hyn, a rhowch y geiriau o'r blwch yn y colofnau cywir i ddangos y berthynas rhyngddynt.

ANSAWDD Y DDELWEDD   **MAINT Y FFEIL**   **AMSER LLWYTHO I LAWR**

| da | gwael | araf |
| cyflym | bach | mawr |

C4 A yw'r gosodiadau canlynol yn cyfeirio at GIF neu JPEG?

a) Mae ffeiliau ..... yn well ar gyfer ffotograffau.

b) Ffeiliau ..... sydd orau ar gyfer lluniau syml gydag ychydig o liwiau, e.e. arwyddluniau a lluniau llinell.

c) Gall ffeiliau ..... ddangos mwy o liwiau.

ch) Defnyddir ffeiliau ..... ar gyfer animeiddiadau syml.

d) Mae ..... yn odli â Gruff.

C5 *Mae Miss Bowns yn paratoi ar gyfer dosbarth aerobeg. Mae'n rhoi ei gwersi ar wefan yr ysgol fel y gall ei myfyrwyr ymarfer y symudiadau gartref. Mae'n tynnu pump llun o'r safleoedd sylfaenol:*

a) Ar ba ffurf y dylai eu cadw?

b) Beth sydd angen iddi ei wneud nawr er mwyn eu troi'n GIF wedi'i animeiddio?

Amrywiaeth – eli i'r galon

Onid yw'r merched hyn yn edrych yn hapus yn eu lycra. Mae'n siŵr eu bod nhw newydd orffen adolygu TGCh – ond pam y lycra...?

Cynllunio Gwefan

C1 Bydd y siart corryn isod yn dangos y mathau o dudalennau ar wefan. Copïwch ef a'i labelu i ddangos yr hyn sydd ymhob adran gan ddefnyddio'r geiriau yn y blwch.

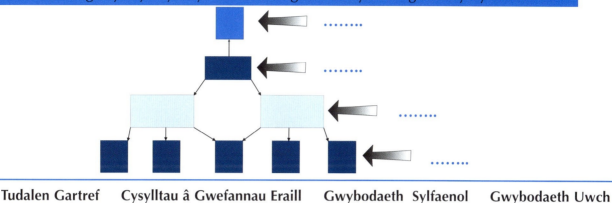

Tudalen Gartref   Cysylltau â Gwefannau Eraill   Gwybodaeth Sylfaenol   Gwybodaeth Uwch

C2 Pa rai o'r gosodiadau canlynol sy'n gywir a pha rai sy'n anghywir?

a) Ystyr enllib yw cyhoeddi celwyddau am berson.

b) Ni all unrhyw beth eich rhwystro rhag dweud pethau celwyddog am berson sy'n pardduo ei enw da.

c) Ystyr enllib yw dod yn gyntaf yn y gystadleuaeth canu mewn eisteddfod.

ch) Pwrpas cyfreithiau enllib yw eich rhwystro rhag argraffu deunydd celwyddog am bobl.

d) Gellir dwyn pobl sy'n torri cyfreithiau enllib gerbron llys, a'u gorfodi i dalu dirwyon trwm.

C3 Lluniwch dabl â dwy golofn gyda'r teitlau 'Dylid Gwneud' a 'Ni Ddylid Gwneud'. Rhowch yr eitemau isod yn y golofn gywir.

Copïo gwaith rhywun arall heb ei gydnabod.
Defnyddio geiriau rhywun arall ond dweud pwy a'u hysgrifennodd.
Cydnabod hawlfraint rhywun arall.
Osgoi llên-ladrad.
Dweud celwydd am bobl.

C4 *Gofynnwyd i Rhys a Betsan gynllunio gwefan ar gyfer cerddorfa eu tref.*

Lluniwch siart corryn i ddangos sut y gallai'r wybodaeth ganlynol gael ei threfnu:

Cerddorfa Ieuenctid Tref Ni
Adrannau llinynol, pres, taro
Enwau'r chwaraewyr ym mhob adran
Lluniau'r offerynnau ym mhob adran

Efallai bod ofn corynnod arnoch...

...ond dysgwch am siartiau corryn. Maen nhw'n bethau defnyddiol.

E-bost

C1 Copïwch y diagram isod ac ysgrifennwch arno bum cam anfon neges e-bost.

Mae'r neges yn mynd o ISP yr anfonwr i ISP y derbynnydd
Creu'r neges   Cysylltu â'r Rhyngrwyd
Derbynnydd yn ei Darllen   Pwyso Anfon

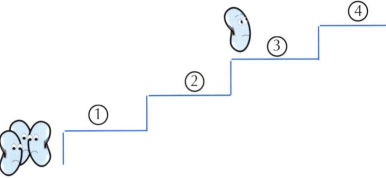

C2 a) Beth yw e-bost sydd wedi'i seilio ar y we?

b) Enwch un darparwr e-bost sydd wedi'i seilio ar y we.

C3 Copïwch a chwblhewch y brawddegau canlynol gan ddefnyddio geiriau o'r blwch isod.

a) Mae modd anfon .... trwy e-bost.

b) Gelwir ffeiliau a anfonir trwy e-bost yn ....

c) Oni bai eich bod chi'n disgwyl atodiad, dylech fod yn .... iawn o unrhyw atodiadau y byddwch yn eu derbyn.

ch) Mae'n hawdd derbyn .... o atodiad sydd wedi'i heintio.

d) Gallwch ddefnyddio meddalwedd gwrthfirysau i .... atodiad cyn ei lwytho i lawr.

| drwgdybus | sganio | firws | ffeiliau | atodiadau |

C4 *Mae Mr Jones wedi rhedeg ei fusnes gwerthu llwyau caru am dros chwe deg blynedd heb ddefnyddio cyfrifiadur. Mae e wedi cyflogi rheolwr newydd, Bob, sy'n awyddus i ddefnyddio e-bost.*

Dyma restr o ddadleuon Mr Jones yn erbyn defnyddio e-bost. Nodwch sut gallai Bob ymateb i bob gosodiad:

a) Mae'n anodd anfon e-bost.

b) Gallaf anfon negeseuon yn unig.

c) Bydd firysau ar y negeseuon e-bost y byddaf yn eu derbyn.

ch) Mae'r offer a'r feddalwedd y bydd eu hangen arnaf yn ddrud i'w prynu.

d) Bydd yn cymryd oesoedd i anfon ein cylchlythyr trwy e-bost.

Llyfrau Cyfeiriadau

C1 Beth yw llyfr cyfeiriadau e-bost?

C2 *Mae Siôn wedi anfon e-bost ataf o'i gyfeiriad gwaith, sef maesiônyngweithio@loa.com*
Pa un o'r canlynol fyddai'r ffordd gyflymaf o ychwanegu ei gyfeiriad i'm llyfr cyfeiriadau?

   a) Ei deipio i mewn yn ofalus iawn.

   b) Ei gopïo a'i ludo i'm llyfr cyfeiriadau.

   c) De-glicio ar y neges, a dewis 'ychwanegu anfonwr i'r llyfr cyfeiriadau'

C3 *Mae Sula'n cadw cyfeiriadau e-bost ei holl ffrindiau yn ei llyfr cyfeiriadau. Mae'n hoffi gwau, Frisbee a'r Stereophonics. Mae hi am wahodd ei ffrindiau i'w chartref dros y gwyliau, ond mae'n gwybod na fydd y tri grŵp o ffrindiau yn cymysgu'n dda â'i gilydd.*

   a) Beth allai ei wneud i sicrhau bod gwahoddiadau yn mynd i aelodau un grŵp o ffrindiau yn unig?

   b) Sut byddai hi'n gallu ysgrifennu un gwahoddiad ond ei anfon at holl aelodau un grŵp?

   c) Mae ganddi rai ffrindiau sy'n rhannu mwy nag un diddordeb. A fyddai modd eu cynnwys mewn mwy nag un grŵp?

C4 Pa rai o'r gosodiadau canlynol sy'n gywir, a pha rai sy'n anghywir?

   a) Gall llyfrau cyfeiriadau e-bost gynnwys cyfeiriadau e-bost, ond dim gwybodaeth arall.

   b) I ychwanegu cyfeiriad e-bost rhywun sydd newydd anfon e-bost ataf, gallaf dde-glicio a dewis 'Ychwanegu anfonwr i'r llyfr cyfeiriadau'.

   c) Gallaf anfon e-bost at un person ar y tro yn unig.

   ch) Pan anfonwch e-bost at grŵp, mae'n mynd at bob aelod o'r grŵp.

C5 *Mae Amy am hel clecs dros y Rhyngrwyd am raglenni teledu. Mae ganddi rai ffrindiau sy'n hoffi Pobol y Cwm a rhai sy'n hoffi Treflan. Mae'n sefydlu dau grŵp gyda'r enwau Pobol y Cwm a Treflan.*

   a) Beth fydd yn y grŵp 'Pobol y Cwm'?

   b) Beth fydd yn digwydd pan fydd hi'n anfon e-bost at 'Treflan'?

   c) Pa adran sy'n dod nesaf? Dewiswch yr ateb cywir isod.

Adran 7 – Meinir a Fflur

Adran 7 – Rhagor o Gronfeydd Data gan eich bod wedi gwirioni â nhw

Adran 7 – Cyfrifiaduron yn y Byd Go Iawn

Adran 7 – Dwi isho mam

Adran 6 - Y Rhyngrwyd

Adran 7 - Cyfrifiaduron yn y Byd Go Iawn

Cyfrifiaduron mewn Siopau

C1 Beth yw ystyr y llythrennau canlynol?

    a) EPOS   b) EFTPOS

C2 Defnyddiwch y geiriau isod i gopïo a chwblhau'r brawddegau canlynol:

cynhyrchion	codau bar	cynnwys manylion	sganiwr laser

    a) Mae .... yn edrych fel hyn.
    b) Mae cod bar yn .... y cynnyrch.
    c) Mae codau bar ar y rhan fwyaf o ....
    ch) Mae .... ar y til yn sganio manylion y cod bar i'r system.

C3 A yw'r brawddegau canlynol am archfarchnad yn debygol o fod yn gywir neu'n anghywir?

    a) Cysylltir y sganiwr laser â chyfrifiadur y siop sy'n cynnwys prisiau'r holl gynhyrchion.
    b) Mae Sali, y rheolwr stoc, yn cyfri'r stoc ar ôl pob gwerthiant.
    c) Mae'r cyfrifiadur yn anfon y pris sy'n cyfateb i god bar yr eitem sydd wedi'i sganio yn ôl i'r til.
    ch) Mae'r gweithiwr siop yn ysgrifennu'r prisiau ac yn eu rhoi i'r cwsmer fel derbynneb.
    d) Mae'r til yn prosesu ac yn argraffu derbynneb y cwsmer.

C4 Mae 'Bwyd i'r Bola' yn archfarchnad fawr sy'n defnyddio system EPOS. Mae cod bar ar bopeth, a chedwir yr holl brisiau ar gyfrifiadur canolog. Yn ogystal, cedwir nifer yr unedau o bob cynnyrch yn y siop a'r warws mewn man canolog.

    a) Pa enw a roddir ar y nwyddau yn y warws a'r siop? (Cliw: mae'n odli â bloc.)

    b) Os bydd rhywun yn prynu darn o gig oen Cymreig, (neu Quorn, os ydy'n llysieuwr), beth fydd y cyfrifiadur yn ei wneud heblaw am ddarllen y cod bar a throsglwyddo'r pris i'r til?

    c) Beth fydd yn digwydd pan fydd y toriadau o gig oen yn y warws yn disgyn yn is na'r lefel ailarchebu?

C5 Mae gan gwmni archfarchnadoedd 'Ni yw'r Mwyaf' Cyf. system EFTPOS

    a) Beth mae EFTPOS yn caniatáu i gwsmeriaid ei wneud yn lle talu ag arian parod?
    b) Sut caiff manylion deiliad y cerdyn eu cadw ar y cerdyn?
    c) Sut caiff y wybodaeth hon ei chodi o'r cerdyn?
    ch) Gwneir cais am daliad dros y rhwydwaith ffôn. Beth sy'n digwydd os yw'r cerdyn yn ddilys?
    d) Pam mae lle i lofnod y cwsmer ar gardiau credyd a debyd?

Mwy o Gymwysiadau Cyfrifiaduron

C1 Copïwch a chwblhewch y brawddegau canlynol am ddarogan y tywydd, gan ddefnyddio'r tatŵau ar wyneb Wil.

a) Fel arfer, cesglir .... gan synwyryddion system .... awtomatig.

b) Caiff data ei brosesu i gynhyrchu .... o'r ardal gan ddefnyddio system gwybodaeth ddaearyddol.

c) Gellir defnyddio cyfres o ddelweddau a gasglwyd ar wahanol adegau i greu rhyw fath o .... o'r systemau tywydd.

ch) Er mwyn cael adroddiad mwy manwl o sut bydd y tywydd yn newid, gellir bwydo'r data i .... o'r ffordd y mae'r patrymau tywydd yn newid.

C2 Astudiwch y brawddegau canlynol am reoli traffig mewn maes parcio. Pa rai sy'n gywir, a pha rai sy'n anghywir?

a) Mae'r staff wrth fynedfeydd ac allanfeydd maes parcio yn cyfri'r ceir wrth iddynt fynd i mewn ac allan, maent yn dyfalu a oes lleoedd gwag, ac wedyn yn anfon y wybodaeth hon i arwydd electronig.

b) Mae gan rai trefi prysur systemau rheoli meysydd parcio.

c) Defnyddir synwyryddion wrth fynedfeydd ac allanfeydd nifer o feysydd parcio er mwyn cyfrifo sawl lle sydd ar ôl ym mhob maes parcio.

ch) Cedwir gwybodaeth o synwyryddion ar gyfrifiadur y maes parcio, a chaiff arwyddion parcio electronig eu diweddaru bob awr.

d) Mae modurwyr yn gweld yr arwyddion, sy'n cael eu diweddaru mewn amser real, a does dim rhaid iddyn nhw wastraffu amser yn gyrru i faes parcio sydd eisoes yn llawn.

C3 *Mae Chwant Chwaraeon am annog cwsmeriaid nôl i'w siopau. Maen nhw am wybod beth mae pob cwsmer yn ei brynu, faint maen nhw'n ei wario, a phryd y byddan nhw'n siopa. Wedyn, byddant yn rhoi anrhegion, talebau neu gynigion arbennig i'w cwsmeriaid da.*

a) Pa fath o gynllun y byddai angen iddynt ei sefydlu ar gyfrifiadur y siop?

b) Beth fyddai pob cwsmer yn ei gael?

c) Pa wybodaeth, fel arfer, fyddai'n cael ei chadw ar gerdyn ffyddlondeb y cwsmer?

ch) Beth sy'n digwydd pan gaiff cerdyn ffyddlondeb cwsmer ei dynnu trwy'r til yn y man talu?

d) Sut mae'r wybodaeth hon yn helpu'r siop i reoli stoc?

DVD am ddim pan wariwch chi £500 ar bowdr golchi…

Bargen yn wir! Ond mae'r siopau'n gwybod pwy ydych chi a beth brynoch chi. A ydych chi'n teimlo bod rhywun yn cadw golwg arnoch chi?

Mwy Fyth o Gymwysiadau Cyfrifiaduron

C1 Enwch ddau fath o giosgau electronig.

C2 lluniwch dabl â dwy golofn - **PWYNT TALU** a **MAN GWYBODAETH**.
Copïwch y geiriau canlynol (ar dafod y broga) o dan y teitl cywir.

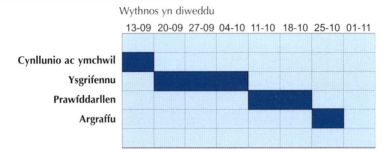

- Peiriannau gwerthu
- I'w gweld mewn amgueddfeydd
- Peiriant tocynnau
- Rydych yn rhoi arian ynddynt
- Argraffu tocynnau
- Hysbys am atyniadau i dwristiaid
- Gwybodaeth i dwristiaid
- Amlgyfrwng

C3 a) Pa fath o ddiagram yw hwn?

b) Copïwch y brawddegau canlynol, gan aildrefnu'r geiriau a danlinellwyd.

  i) Mae'r diagram uchod yn fath o <u>lenseram</u> ar gyfer dyfalu faint o amser y bydd project yn ei gymryd.

  ii) Rhennir y project yn <u>gaudas</u> <u>nodolpe</u>.

  iii) Rydych yn mewnbynnu fatin o <u>amres</u> y bydd pob tasg yn ei gymryd.

C4 Mae gan amgueddfa Dinas Ddiflas filoedd o ffotograffau a darluniau du a gwyn nad oes ganddi ddigon o le i'w harddangos.

  a) Pa gymhwysiad cyfrifiadur y gallent ei ddefnyddio i ddatrys y broblem hon?

  b) Pa fath arbennig o sgrin fyddai'n gwneud y ddyfais yn fwy atyniadol?

  c) Enwch ddau beth y gallai'r ddyfais eu rhedeg a fyddai'n gwneud y dangosydd yn fwy o hwyl i blant?

C5 Meddyliwch am chwe pheth rydych yn eu gwneud bob bore rhwng deffro a gadael y tŷ am yr ysgol.

  a) Nodwch bob tasg, a faint o amser y credwch maen nhw'n eu cymryd.

  b) Lluniwch amserlen gyda'r chwe thasg i lawr yr ochr ac amser y dydd ar hyd y top.

  c) Beth yw enw'r math hwn o ddiagram?

  ch) Lluniwch y barrau ar gyfer pob un o'ch tasgau.

Mesur – Logio Data

C1 Dewiswch y geiriau cywir o'r parau i gwblhau'r brawddegau hyn sy'n sôn am ddefnyddio synwyryddion.

   a) Gellir defnyddio synwyryddion (**is-goch** / **sain**) i sicrhau bod sŵn o awyrennau'n cadw at lefelau y cytunir arnynt.

   b) Defnyddir synwyryddion (**gwasgedd aer** / **golau**) i reoli masgiau ocsigen a ddefnyddir mewn argyfwng ar awyrennau.

   c) Defnyddir (**gwrthyddion sy'n ymateb i olau** / **thermistorau**) i benderfynu pryd mae cynnau goleuadau stryd.

   ch) Defnyddir (**synwyryddion gwasgedd** / **thermistorau**) i reoli systemau gwres canolog.

   d) Gall synhwyrydd is-goch ganfod toriad mewn paladr is-goch – defnyddir hwn (**yn eich ymennydd** / **mewn larymau lladron**).

   dd) Mae (**synwyryddion is-goch** / **mesuryddion Geiger**) yn mesur faint o ymbelydredd sydd mewn gwrthrych.

C2 Pa rai o'r brawddegau canlynol sy'n gywir a pha rai sy'n anghywir?

   a) Ystyr logio data yw cipio'r holl ddata o ffatri goed.

   b) Mae logio data'n gweithio'n well pan fydd angen casglu dim ond symiau bach o ddata.

   c) Logio data yw'r broses o gasglu a storio data ac wedyn ei lwytho i lawr i raglen gyfrifiadurol er mwyn ei ddadansoddi.

   ch) Nid oes angen logio data pan fydd eisiau casglu data o amgylcheddau peryglus.

   d) Ystyr logio data yw cipio a storio gwybodaeth gan ddefnyddio synwyryddion.

C3 Copïwch a chwblhewch y brawddegau canlynol gan ddefnyddio'r geiriau hyn.

| trawsnewidydd analog-digidol | digidol | newidyn wedi'i wahanu gan goma (CSV) |
| analog | synhwyrydd mewnbwn | |

   a) Cesglir data gan ....

   b) Gall synwyryddion .... naill ai fod Ymlaen neu Wedi'u Diffodd.

   c) Gall synwyryddion .... fesur ystod o werthoedd.

   ch) Cyn y gellir lawrlwytho signal analog, a'i storio ar system gyfrifiadurol, mae angen ei droi'n signal digidol, gan ddefnyddio .... (ADC).

   d) Gellir storio data digidol mewn fformat .... fel bod modd ei allforio i daenlen er mwyn ei ddadansoddi.

C4 *Mae Catrin yn gofalu am orsaf dywydd ei hysgol. Er mwyn iddi beidio â gorfod mynd allan mewn tywydd drwg i ddarllen y mesurydd cyflymder gwynt, mae'n sefydlu system logio data sydd wedi'i chysylltu â chyfrifiadur.*

   a) A fyddai hi'n defnyddio synhwyrydd analog ynteu un digidol?

   b) Esboniwch eich ateb i gwestiwn a).

   c) Beth fyddai ei angen arni er mwyn llwytho'r data i lawr i'r system gyfrifiadurol?

   ch) Ym mha fformat y cedwir y data er mwyn ei allforio i daenlen i'w ddadansoddi?

Adran 7 - Cyfrifiaduron yn y Byd Go Iawn

Cyfnod Logio a Chyfwng Logio

C1 Copïwch y brawddegau hyn, gan roi geiriau o'r blwch yn lle'r boncyffion a'r creaduriaid bach.

| byr | logio | hir | pobl | cwsg | newidiadau cyflym | cyfwng |

a) Gall 🐿️ data gofnodi gwybodaeth mewn mannau y mae'n anodd i 🐿️ fynd iddynt.

b) Gellir casglu data dros gyfnodau ❄️ iawn neu ❄️ iawn – gallech gofnodi cyfradd twf coeden neu ❄️ ❄️ mewn tymheredd mewn ffrwydrad niwclear.

c) Mae mesur fesul 🪵 yn fwy manwl na phan fydd person yn gwneud y mesur.

ch) Nid oes angen te deg, toriadau am fwyd na 🪵 ar logwyr data.

C2 Lluniwch dabl dwy golofn â'r penawdau **CYFWNG HIR** a **CYFWNG BYR**. Rhowch y geiriau isod yn y golofn gywir.

twf morfil
uchder blodyn haul
cyflymder bwled
tymheredd ffrwydrad
gogwydd Tŵr enwog Castell Caerffili
tymheredd cacen pan fydd yn y popty

C3 Pa rai o'r datganiadau canlynol sy'n gywir a pha rai sy'n anghywir?

a) Y cyfnod logio yw hyd y cyfnod amser y byddwch yn casglu data.

b) Mae'r cyfnod logio bob amser yn funud o hyd.

c) Os na fyddwch yn siŵr pa gyfnod logio i'w ddefnyddio, gwnewch ychydig o ymchwil ymlaen llaw.

ch) Does dim ots os yw'r cyfnod yn rhy fyr neu'n rhy hir, bydd y cyfrifiadur yn addasu'r ffigurau.

d) Os yw'r cyfnod yn rhy hir, gallwch wastraffu amser prin.

dd) Os yw'r cyfnod yn rhy fyr, gallwch golli data pwysig.

C4 Mae Poli Penfras yn cadw pysgod trofannol mewn tanc yn ei chartref. Er mwyn trwsio'r tanc, mae hi'n bwriadu trosglwyddo'r pysgod am 3 awr i danc arall dros dro. Ni all y pysgod fyw oni bai bod tymheredd y dŵr rhwng 10 a 30°C. Gallai'r pysgod farw pe bai'r dŵr y tu allan i'r terfannau hyn am fwy na munud. Mae'n gosod synhwyrydd ar y tanc er mwyn mesur tymheredd y dŵr.

a) Ysgrifennwch y fformiwla sy'n dangos y berthynas rhwng cyfnod logio, cyfwng logio a nifer y darlleniadau.

b) Dewiswch gyfnod logio addas.

c) Dewiswch gyfwng logio addas.

ch) Dyfalwch sawl darlleniad y bydd yn eu cymryd.

Mesur Data Ffisegol

C1 Dyma chwe chwestiwn y dylech ofyn i'ch hun pan fyddwch yn defnyddio TGCh i fesur data ffisegol. Copïwch a chwblhewch bob brawddeg gan ddefnyddio'r geiriau yn y cwmwl meddwl.

   a) Am faint o amser y byddwch yn ....?
   b) Ym mha .... ydych chi eisiau'r data?
   c) A oes mwy nag un .... yn digwydd?
   ch) Pa mor .... y bydd angen cymryd mesuriadau?
   d) A yw'n .... o ddigwyddiadau?
   dd) A yw'n ddigwyddiad ....?

aml, mesur, newid, cyfres, unigryw, fformat

C2 Mae daearegwr yn bwriadu mesur tymheredd lafa yn ystod echdoriad folcanig.

Dyma ychydig o ffactorau y dylai eu hystyried cyn dechrau. Sut byddech chi'n eu hateb?

   a) A oes mwy nag un peth i'w fesur?
   b) A yw'n gyfres o ddigwyddiadau, neu a ydych yn mesur un peth yn ddi-baid?
   c) A yw'n ddigwyddiad unigryw?
   ch) Am faint y bydd y mesuriadau yn cael eu cymryd – am ddiwrnod, am fis ynteu am flwyddyn?
   d) Pa mor aml y bydd angen cymryd y mesuriadau – bob munud, bob awr neu bob dydd?
   dd) Ym mha fformat y dylai'r data fod?

C3 Mae A.W. Yren Cyf. yn cynnal archwiliad o lefelau sŵn o awyrennau. Maen nhw'n monitro sŵn, uchder a chyflymder yr awyrennau am fis.

Mae eu peiriannydd ymchwil yn ystyried y cwestiynau canlynol. Ysgrifennwch eich ateb i bob un.

   a) A oes mwy nag un peth i'w fesur?
   b) A yw'n gyfres o ddigwyddiadau, neu a ydych chi'n mesur un peth yn ddi-baid?
   c) A yw'n ddigwyddiad unigryw?
   ch) Faint o amser y bydd y mesuriadau'n ei gymryd?
   d) Pa mor aml bydd angen cymryd y mesuriadau?
   dd) Ym mha fformat y dylai'r data fod?

Gofynnwch chwe chwestiwn i'ch hun...

Sut? Pam? Pryd? Ble? Beth? Pwy? Byddwch yn glir am yr hyn rydych am ei wybod pan fyddwch yn mesur data ffisegol.

Cyfrifiaduron â'r Gyfraith

C1 Copïwch a chwblhewch y brawddegau canlynol gan ddefnyddio geiriau Bob.

wyth, iawndal, unrhywun, egwyddor, personol, dirwy

(Nid yw Bob yn hoffi geiriau)

a) Mae'r Ddeddf Diogelu Data'n rhoi hawliau i ……… sydd â data amdanynt wedi'i storio ar gyfrifiadur.

b) Mae'r gyfraith yn gadael i bobl weld y data ……… amdanynt sydd wedi'i storio.

c) Mae'r ddeddf yn cynnwys ……… ……… diogelu data.

ch) Gall torri'r gyfraith arwain at ……… a chael eich gorfodi i dalu ……… .

C2 Defnyddiwch eiriau Bob i lunio brawddegau sy'n disgrifio pedair ffordd y gellir torri'r Ddeddf Hawlfraint.

a) Defnyddio ……… heb ……… briodol.

b) Llwytho testun neu ddelweddau i lawr o'r Rhyngrwyd a'u defnyddio heb ddweud o ble y daethon nhw, neu heb gael ……… deiliad yr hawlfraint.

c) ……… rhaglen gyfrifiadurol rydych yn ei defnyddio yn y gwaith a'i defnyddio gartref heb ganiatâd deiliad yr hawlfraint.

ch) Gwneud ……… o feddalwedd a'u rhoi i'ch ffrindiau.

Copïo, caniatâd, copïau, meddalwedd, hawlfraint, trwydded

C3 Copïwch a chwblhewch y brawddegau canlynol gan ddefnyddio'r geiriau sy'n ymosod ar Bob, fel eu bod yn disgrifio gweithgareddau sy'n anghyfreithlon dan y Ddeddf Camddefnyddio Cyfrifiaduron:

a) Mynediad ……… i ……… cyfrifiadur (e.e. hacio).

b) Cael mynediad heb awdurdod i gyfrifiadur er mwyn cyflawni troseddau difrifol megis ……… a ……… .

c) Gwneud newidiadau heb awdurdod i ffeiliau cyfrifiadur, megis plannu ……… a dileu ffeiliau.

heb awdurdod, twyll, firysau, blacmel, ffeiliau.

(Nid yw geiriau'n hoffi Bob)

Cyfrifiaduron yn y Gweithle

C1 Pa swyddi yn y rhestr hon sydd wedi'u disodli gan gyfrifiaduron, a pha rai sydd wedi'u creu gan gyfrifiaduron?

> Teipyddion   Gweithwyr cydosod ceir   Cynllunwyr caledwedd cyfrifiadurol
> Rhaglenwyr   Dadansoddwyr systemau   Clercod ffeilio   Technegwyr TG

C2 Pa rai o'r datganiadau canlynol sy'n gywir, a pha rai sy'n anghywir?

a) Defnyddio desg wag yw pan fydd gweithiwr yn eistedd wrth y ddesg sy'n agos at y rheiddiadur.

b) Mae angen llai o le yn y swyddfa os bydd gweithwyr yn defnyddio desg wag.

c) Mae teleweithwyr yn treulio llai o amser yn cymudo.

ch) Mae teleweithio'n air arall am gynhyrchu setiau teledu.

d) Gall teleweithio fod yn unig.

C3 Mae D.O'Gelu Cyf. yn gwmni o froceriaid yswiriant sy'n ehangu. Rhaid i Desmond berswadio'r partneriaid o fanteision gosod system gyfrifiadurol. Gan ddefnyddio'r geiriau isod, lluniwch frawddegau i:

a) Esbonio sut y gall cyfrifiaduron newid cyfanswm y gwaith a wneir.

b) Esbonio dau fath o waith y gall y cyfrifiadur eu gwneud.

c) Disgrifio'r swyddi sydd ar ôl i'r gweithwyr eu gwneud.

ch) Disgrifio'r effaith gyffredinol ar y busnes o newid i gyfrifiaduron.

Cynyddu, cynhyrchiol, cystadleuol, diflas, ailadroddus, diddorol

C4 Yn dilyn cyflwyniad Desmond mae partner hynaf ac uchaf D. O'Gelu Cyf. yn gwrthwynebu ei gynigion. Gan ddefnyddio'r geiriau o'r rhestr isod, lluniwch frawddegau i:

a) Esbonio sut y gall cyfrifiaduron arwain at ddiswyddo pobl.

b) Esbonio sut y gall cyfrifiaduron fod yn ddrwg i weithwyr.

c) Disgrifio dau anhawster cadw i fyny â'r dechnoleg ddiweddaraf.

ch) Disgrifio beth sydd angen i chi ei wneud dros eich staff cyn y gallant ddefnyddio'r cyfrifiaduron.

newid, pobl, cyflawni, cyflym iawn, iechyd, problemau, drud, hyfforddiant, amser, arian

Defnyddio Cyfrifiaduron – Materion Iechyd a Diogelwch

C1 Lluniwch dabl gan ddefnyddio'r tair cwyn ar y chwith fel penawdau. Rhowch yr atebion ar y dde yn y colofnau cywir. (Gellir defnyddio pob eitem ar y dde fwy nag unwaith).

Anaf Straen Ailadroddus (RSI)

Straen ar y llygaid a chur pen

Cylchrediad gwaed, Ffitrwydd a Phroblemau gyda'r Cefn.

Cymryd saib o'r cyfrifiadur yn rheolaidd.
Cadair bwrpasol gyda chynhalydd.
Bysellfwrdd sydd wedi'i osod yn y man iawn.
Golau cefndir da.
Sgrîn gwrth-lachar.
Cynhalydd arddwrn.
Edrych i ffwrdd o'r sgrin.
Cerdded o gwmpas.

C2 Dewiswch dair o'r eitemau isod sy'n disgrifio'r prif broblemau a gysylltir â defnyddio cyfrifiaduron, a rhowch nhw mewn brawddeg sy'n esbonio'r broblem.

> **Arthritis, Anaf Straen Ailadroddus (RSI), methu cysgu, straen ar y llygaid a chur pen, ffitrwydd, poen yn y cefn a phroblemau cylchrediad, strôc, gowt, defaid, ewinedd yn hollti, traed drewllyd.**

C3 Copïwch a chwblhewch y brawddegau canlynol gan ddefnyddio'r geiriau sydd ar fola Lleucu'r llygoden:

(bodloni, toriadau, hyfforddiant, diogel, am ddim)

a) Sicrhewch fod yr offer cyfrifiadurol a'r man gwaith yn ....
b) Sicrhewch fod gweithfannau yn .... 'r safonau.
c) Rhaid i weithwyr gael .... rheolaidd.
ch) Dylid darparu profion llygaid ...... i'r holl staff sy'n defnyddio monitorau yn rheolaidd.
d) Dylid darparu .... a gwybodaeth am iechyd a diogelwch, fel bod modd i bobl leihau'r peryglon.

C4 Gofynnwyd i chi ddangos i Dennis dwl sut mae eistedd yn gywir wrth y cyfrifiadur. Nodwch y cyngor y byddech yn ei roi iddo er mwyn ei helpu i ofalu am y rhannau canlynol o'i gorff:

a) Cefn
b) Llygaid
c) Elinau
ch) Traed

Dennis

C5 Mae Dennis yn dwp. Wnaeth e ddim gwrando ar unrhyw gyngor, ac mae'n dechrau cwyno am y problemau canlynol. Nodwch ffordd o wella pob problem:

a) Mae fy nghefn yn brifo.
b) Rwy'n cael cur pen ofnadwy.
c) Rwy'n cael pinnau bach yn fy nghoesau.
ch) Mae fy arddyrnau yn stiff iawn.
d) Mae fy nhrwyn wedi troi'n glai.   (Mi ddywedais ei fod yn dwp.)